带着初心
去工作

杨朝晖 编著

中华工商联合出版社

图书在版编目（CIP）数据

带着初心去工作 / 杨朝晖编著.-- 2 版 .—北京：中华工商联合出版社，2016.9（2024.2重印）
ISBN 978-7-5158-2586-1

Ⅰ.①带… Ⅱ.①杨… Ⅲ.①企业管理—人力资源管理—通俗读物
Ⅳ.① F272.92

中国版本图书馆 CIP 数据核字（2019）第 206923 号

带着初心去工作

作　　者：杨朝晖
责任编辑：于建廷　效慧辉
营销推广：赵玉麟　王　静
封面设计：周　源
插图绘制：张　苗　胡安然
责任印制：迈致红
出版发行：中华工商联合出版社有限责任公司
印　　刷：三河市同力彩印有限公司
版　　次：2020 年 1 月第 2 版
印　　次：2024 年 2 月第 3 次印刷
开　　本：710mm×1020mm　1/16
字　　数：220 千字
印　　张：13
书　　号：978-7-5158-2586-1
定　　价：69.00 元

服务热线：010-58301130
销售热线：010-58302813
地址邮编：北京市西城区西环广场 A 座
　　　　　19-20 层，100044
Http://www.chgslcbs.cn
E-mail: cicap1202@sina.com（营销中心）
E-mail: gslzbs@sina.com（总编室）

　　"不忘初心，方得始终"是从《华严经》中引申出来的名句，意思是只有坚守本心信条，才能德行圆满。"初心"是什么？是孔子"居之不倦，行之以忠"的为政之道、包拯"清心为治本，直道是身谋"的为官箴言，是毛泽东"埋骨何须桑梓地，人生无处不青山"的豪情壮志、周恩来"为中华之崛起而读书"的宏大理想，当然也是我们年少时笔记本扉页上的人生理想。初心纯洁、热烈、美好，她是人生起点的希冀与梦想、事业开端的承诺与信念、迷途困境中的责任与担当、铅华尽染时的恪守与坚持，她在向真向善向美的追寻中、在矢志不渝的守候里。

　　明代思想家、文学家李贽说："初心，即为最初一念之本心。"初心，解决了"我是谁、我从哪里来、要到哪里去"等问题，是我们生活与工作的始端。只有不忘初心，才能有始有终地去完成自己的梦想。然而，我们常常只有在"年少轻狂"时才敢"妄谈"梦想，一旦年华老去，变得心有挂碍后，便站在了世俗的一方，无法寸进，同时也阻止着别人的前进。我们实现不了梦想，只因我们忘却了初心。

　　生活的经验告诉我们，当我们做一件事情有一个清晰的目标时，可以让我们有限的注意力聚焦，从而影响我们的行动，更好更快地做完一件事情，一步一个脚印地向初心的方向前行。

　　初心，是我们活着的意义所在，所有的选择都应该遵从自己的初心。而目标应是根据自己的初心制定的、完成后更加靠近自己初心的阶段性指标。目标应该清晰，可衡量。每个目标实现后，都要判断一下是否离你的初心更近。

回到当下，职场和工作，俨然已融入我们生活的每个角落，它使我们连接了世界，连接了彼此。重新审视自己，当下是否做着热爱的工作，曾经哪些事情可以唤醒你内心纯粹的声音、澎湃的渴望和激情的付出。倘若，你已迷失在毫无方向的丛林，请将双脚放缓，给自己片刻的安静，回归初心，重新思考和定义未来的道路。

长久的快乐，绝不在喧闹中，更不在浮华里，它源于光明心力的宁静！"不忘初心"，从来都不是一个虚幻的概念，而是切实可行的原则。世界瞬息万变，注定了我们无法一成不变。但是，一颗不曾泯灭、永远充满正能量的"初心"，将在陌生的变化中，带给我们一条恪守的底线和一丝久违的暖意。

祝大家都能找到初心，坚守初心，成为自己真心想做的人。

Go to work
with
our original aspiration

第一章

≡

"初心"之平凡——平凡世界中成就
不平凡的自己

心平气和，甘于平凡

生活中，我不止一次听到过这样的声音："眼下的生活不是我想要的，现实与理想的差距超越了我的想象"、"我厌烦了现在的工作，又不知道自己能干点什么，很迷茫⋯⋯"说这些话的人，多半都是一些接受过高等教育、有志向有抱负的年轻人。

其实，我非常理解说这些话的年轻人。父母辛苦供养自己读了十几年的书，一直被灌输"上大学才会有出路"的观念，可真正离开象牙塔走进社会，方才如梦初醒：曾经以为才华不可一世的自己，不过是芸芸众生中不起眼的一个小人物，渺小到置身于熙攘的人群里，没有人会注意自己的存在。幻想中的辉煌，现实中的平凡，造成了强烈的心理落差，打碎了深藏在心底多年的梦，一时间难以接受。

正因为此，我在职场中从来都不谈忠诚、责任、执行等职业精神。我知道，要想让一个员工具备这些精神，前提是他必须放弃不切实际的幻想，接纳真实的自己，接纳平凡的工作。我不否认生活中有伟大，但我清楚的是，生活中更多的是平凡，而我们都要学会的，是接受平凡。

我曾给人讲过一个"23号女孩"的故事。

主人公是一个12岁的小女孩，同学都叫他"23号"，原因是她每次考试排名都是第23名，在50人的班级里，她是名副其实的中等生。女孩的父母觉得这绰号刺耳。在公司活动或是同学亲友聚会时，别人的孩子都是出类拔萃的，有各种各样的特长；看到电视节目里那些多才多艺的孩子，更是羡慕不已，而自己的孩子成绩平庸，行为表现也是平平凡凡、毫不起眼。

中秋节的家庭聚会上，众人让在座的孩子说说将来要做什么。孩子们毫不怯场：钢琴家、政界要人、明星……就连四岁半的小女孩，也说将来要做电视主持人。到了"23号"女孩这里，她一边帮着弟弟妹妹剔蟹剥虾，一边说："我的第一志愿是当幼儿园老师，领着孩子们唱歌跳舞、做游戏。"

大家礼貌地赞许，接着又问她的第二志愿。她落落大方地说："我想做妈妈，穿着印着叮当猫的围裙，在厨房里做晚餐，给孩子讲故事，一起看星星。"听到这样的回答，亲友们面面相觑，不知道该说些什么，"23号"女孩的父母也觉得很尴尬。

为了提高女儿的成绩，父母想尽了办法，却都收效甚微，女孩依然稳稳地保持着第23名的位置。然而，后来发生的一些事情，让父母第一次近距离地了解了自己的女儿，并彻底打消了改变她的想法。

一次郊游野餐时，有两个小男孩同时夹住盘子里的一块糯米饼，谁也不肯放手，更不愿意平分。这两个孩子，一个是奥数尖子，一个是英语高手，平时独占鳌头惯了。即便后来陆续上了不少美食，但他们看都不看。最后，"23号"女孩用掷硬币的方法，轻松地打破了这个僵局。

回来的路上堵车严重，一些孩子焦躁起来。"23号"女孩给大家不停地讲笑话，手里还忙着用纸盒剪小动物，转移了孩子们的注意力。到下车的时候，每个人的手里都拿到了自己的生肖剪纸。这一幕，让女孩的父母不禁产生了一种自豪感。

期中考试后，班主任打电话给"23号"女孩的母亲。老师讲道，语文试卷上有一道附加题：你最欣赏班里的哪位同学，请说出理由？结果，全班除了"23号"女孩之外，所有人都写上了她的名字，理由有很多：守信用、不爱生气、好相处、乐于助人，写得最多的是乐观幽默。许多同学还建议，让她来做班长。

母亲很欣慰，对"23号"女孩说："你快要成为英雄了！"正在织围巾的女孩，歪着头想了想，认真地说："老师讲过一句格言：英雄路过的时候，总要有人坐在路边鼓掌。妈妈，我不想成为英雄，我想成为坐在路边鼓掌的人。"

那一刻，母亲心里涌起了一股暖流，她被这个不想成为英雄的女儿打动了。

说实话，看到最后的时候，我也被这个小女孩感动了。想想这世间，有多少人渴望成为万人瞩目、指点江山的英雄人物，做位高权重、一呼百应的企业领导，做腰缠万贯、富甲一方的成功商人，最终却成了烟火红尘里的平凡人，因不肯、不愿意接纳这个事实，一心沉浸在那个"英雄梦"里，虚度了时光，荒废了岁月。

生活是现实的，人更应当活得理智。

在时间长河中跋涉，不是谁都能够书写出熠熠生辉的人生；在悠悠岁月里过活，总是平凡的日子占了重心；在茫茫人海里徘徊，也总是平凡的人成了多数。面对这样的现实，我们要做的是接纳和认可，承认自己能力有不足，承认自己眼界有限，承认自己还有待完善……唯有如此，才能脚踏实地做好该做的事，在平凡中保持昂扬的斗志，创造出力所能及的奇迹。

回顾现实生活，人们的急躁是有目共睹的，总想着出人头地，却不愿意脚踏实地；没做事就想加薪升职，稍有不顺就想退缩放弃。

就拿我的一位侄女来说，刚参加工作时，朝气蓬勃、信心满满，承诺一定要做出一番事业来。说这些话时，仿佛成功唾手可得。两年后，再见到她时，却像是变了一个人。无论是对生活，还是对工作，都带着极度不满的情绪："我们这代人真是生不逢时,房价那么高,工资那么低……每天起早贪黑的,才几千块钱工资,真是没意思。自从地铁涨价后,这钱更不禁花了。"

我跟她说:"没有哪一代人是容易的,各有各的苦。"她撇撇嘴,根本听不进去。偶然一次机会,远房亲戚家的孩子到北京的一家工厂打工。尚未搬到工厂宿舍前,暂住在侄女家。那女孩得知侄女的工作情况,一脸羡慕地说:"你的工作多好!我以前上班的那个厂子不景气,都半年没有班上了。"

侄女说:"有什么好的呀,我还想辞职呢!"

女孩一脸不解,说:"你看不上的工作,我其实很想去做。我只有高中学历,从起点上来说,比你低了一大截呢!可我也知道,这个事急不来,我正在自考大专,慢慢努力,总能实现的吧!"

侄女听后,不知道说什么好。思索了半天,突然觉得自己的生活和工作还是蛮好的,之前一直抱怨,是因为自己太浮躁了,总觉着自己在公司里是大材小用了,嫌升职加薪太慢,希冀着一蹴而就。现在想来,成功哪儿有捷径呢?

我很欣慰,侄女及时地认识到了这一点。当一个人太渴望成功,就会迫不及待;当一个人只关注别人的成就,却看不到别人的付出,就会变得焦躁不已,不满现状。实际上呢?有谁是在顷刻间实现了所有的梦想呢?有谁的幸运是从天而降的呢?

想要不平凡,心先得平凡。

十几年前,我有幸听过步步高集团总经理段永平先生在"2000世纪论坛高校大巡讲"的首场演讲。他在演讲中,说的最多的一个词就是"平常心"。他说,一个理想主义者是走不远的,因为他做事会好高骛远;一个纯粹的现实主义者又做不大,因为他太看重眼前。只有将两者结合起来,以平常的心态去看待所发生的事情，才会有所成就。

欲速则不达，踏踏实实一步一步来，是段永平认可的成功之道。他强调："一个成功者首先应该很快乐，其次才是有成就感。但无论什么时候都要有平常心，应该坦然、自然、踏踏实实，这是我对人生的一种理解和感悟。"

我觉得，这番话适用于所有的人，尤其是正在陷入迷茫、彷徨和浮躁中的年轻人。在这个人才济济、竞争激烈的时代，好高骛远地作不切实际的空想或者追名逐利只能使人劳心伤神，疲惫不堪，只有保持一份平常心，才能够在不慌不忙中完善自我、实现理想。

平凡的人生，才是真实的人生

不知从什么时候开始，人们越来越不喜欢平凡、不安于平凡了。

我参与过多场大型的招聘会，稍有名气的企业展位前，永远是排着长长的队伍，摆着一摞厚厚的简历；不太知名的企业展位前，总是显得门可罗雀，偶尔会有几个"投石问路"的人，在听到月薪不过两三千元时，又都露出一副失望的表情。

多年的从业经历，让我有机会近距离地接触一些年轻人，其中不乏毕业于名校的莘莘学子。在深入交谈中我发现，他们心中所想的职场就是一个实现梦想的地方，就像自己当年以傲人的分数考入万人瞩目的大学时那样，走入社会时也当是鲜花簇拥、掌声如雷。大型的国企、知名的外企、中央机构的事业单位是他们理想的去处；月薪上万，年薪六七位数，是他们的目标；早点甩掉北漂、蚁族的标签，迈进有车有房者的行列，被人称赞年轻有为、青年富豪，是他们渴望的人生。

稍微年长一些的中青年，已在职场中工作了七八年、十几年，此时的他们回顾四周，也会有诸多的感慨：曾经跟自己平起平坐的人，如今已在事业上有了不错的建树，还有一些人自主创业当了老板，人与人之间的距离，不知道什么时候就拉开了。面对这样的情境，多数人的内心是矛盾的，不想接受这样的现实，又无所适从。于是，就有许多人把期望转嫁到了子女身上："不能让孩子输在起跑线上"、"不能让孩子跟我一样没本事"、"将来一定要干出一番大事业……"他们不惜花费巨款，请名师，让孩子学跳舞、学乐器……目的就是让子女早日在人群中脱颖而出，脱离平凡。

对于这样的现状，我并不感到意外。在多数普通人眼里，那些非凡而伟大的人，戴着闪耀的成功光环，有着令人望尘莫及的身家，人生也必当是精彩绝伦、与众不同的。似乎，只有那样的人生才称得上精彩。那么，一切是否真如我们所想的那般呢？

拿破仑有一句经典名言："任何伟人，在他的仆人眼里也是平凡的。"

不知你能否从这句话里读出什么深意？在外人眼里，伟人是高高在上的，带着一丝神秘感，因为彼此间隔着太大的距离；而在仆人眼里，伟人就是朝夕相处的雇主，饮食起居、言行举止全都尽收眼底，跟普通人也没什么两样。

我有一位朋友，二十年前从清华大学毕业，进入一家大型企业担任技术工程师。现在，他已是这家企业的副厂长了，年薪也从十几万变成了上百万，在北京、广州都有自己的房子。我想，要是从白手起家这个角度来说，他也算一位成功的典范了。尤其是，在一些大型的技术交流会上，初出茅庐的年轻员工见到他，听闻一番带着各种头衔的介绍，都会唏嘘不已，心想：要是能在厂里熬成他现在这样，也是值了！该有的都有了，也就用不着为了拿到手的那点工资不够花而发愁了！

是不是站在高处的人，生活上就无忧了呢？偶然一次，这位朋友跟我说："最早的时候，一年赚几万块，也没觉得不开心；现在一年赚百万，也没觉得多开心。以前吃什么，现在还吃什么，没什么特别的，反倒是现在业务越来越忙，一年到头都不能陪陪家里人，家里有事也赶不回来……"

这就是一个普通人眼里的"非凡者"的真实生活。他的成功源自平凡的起点，在各种头衔和闪耀的光环背后，依然是平凡的人生。我们要做的，不是去感慨与"现在的他们"之间的差距，而是该反思他们为何能够一步步走到现在。

多年前的我，也不甘于平凡，对一些伟大的人物心生羡慕和崇拜，然而一位茶艺师的话却让我大受触动，并由此对"平凡"与"伟大"有了全新的认识。

当时我的事业刚刚起步，遇到了一些棘手的难题，心绪难宁的我走进了常去的一间茶馆。茶馆的老板原是一个茶艺师，不知怎的我们就聊到了"慈悲"这个话题，他说："有一位客人生意做得很大，但除了维持企业正常运转的资金外，并没有太多的结余，他把生意上赚来的钱全都用在了慈善事业上，无条件地资助贫困学生、修缮学校，他还领养了一位孤儿。"

听到这里，我不禁感慨："这样的人真是伟大啊！"

茶艺师笑了，跟我说了一句语重心长的话："伟大是一个谎言。如果当初那些伟大的人，都觉得自己做的事情伟大，恐怕他们就做不到了。"

这句话犹如醍醐灌顶，浇醒了陷入混沌之中的我。

是啊，我们都在渴望非凡的人生，可那些真正做到了非凡的人，浑然不觉自己所做的事情有多么伟大，在他们看来，也许就是"专注于兴趣、善于钻研思考、坚持坚持再坚持"，这些最平凡不过的小事，人人皆可以做到。当日复一日的努力在时间的积累下，奠定了坚实的基础，后又碰到了某个机会，也许就成就了非凡。

无论是攀登到了光辉顶峰的"伟人"，还是芸芸众生中的普通人，每个人都不可能脱离"平凡"二字。只是，那些非凡者身上的光环过于耀眼，让人不禁忽略了他们的成长、成功历程。当你试着去了解，你就会发现，所有的非凡都是从平凡起步，而后一点点非凡起来的。人生的常态就是平凡，平凡的人生，才是真实的人生。

不要自命不凡

初入职场时，几乎每个人都是青春激扬，甚至在内心深处有点自命不凡，希望通过奋斗去成就自我。随着接触社会的时间不断增加，多数人都会发现，现实的生活和工作与自己想象的有很大出入。

女孩 J 到新公司上班一个多月，说起工作来满腹委屈。她的岗位是行政秘书，本以为是像影视剧里的白领一样，坐在电脑前打打字、整理一下文件，按时给领导汇报工作之类的，真正开始工作才发现，事情远没有想得那么好。

作为新人，她没有得到任何的优待。接电话、打电话这样轻松的事情，从来不让她做；琐碎难办的事情，写通知、会议纪要、顶着太阳去跑腿的活儿，统统留给了她。有些同事年纪比她还小，却仗着早来公司几天，也摆出一副领导的架势让她做这做那，事后还一本正经地评价你做得怎么样，哪儿需要改进。

不只是工作内容和人际上受到了"歧视"，就连办公设备和环境，也是把最差的留给她。J 说："我用的电脑是公司里最破的了，速度特别慢，打一个文件都要等半天，真的是急死人。再说工位，宽敞明亮通风的地方都有人了，给我安排在一个角落里，一点儿风都不透。想到这些，心里就觉得憋屈，好歹我也是研究生毕业的……"

看到这儿，我想许多人都会产生共鸣：我的学历比你高、年龄比你大、家庭环境比你优越，你凭什么对我指指点点？你觉得我这里做得不好、那里做得不对，你也未必真的比我强，只不过是仗着早来公司几天，熟悉这里的环境和人罢了。

其实，这种心理上的不平衡，就是没有摆正自己的位置。就女孩 J 来说，她确有炫耀的资本：优秀的学习成绩、一流大学的硕士学历、一沓获奖证书……但是别忘了，这些"历史文件"只能在一定程度上证明你的学习能力和知识水平。知识积累很重要，但企业对员工最基本的要求是具备岗位胜任的能力。知识与独当一面的能力中间，还隔着一段长长的距离，在知识尚未转变成企业的效益时，那么很抱歉，对企业来说，你是没有任何价值的。

约瑟夫·哈里南在《错觉》一书中提到，人们常常会高估自己的能力。职场中的自命不凡，多数情况下就是一种错觉。

朋友的公司曾招到一个出类拔萃的小伙子，虽说经验不太丰富，但由于专业对口，很快就进入了工作状态。朋友非常看好他，经常鼓励他好好干，小伙子倒也不负期望，经常提出一些对公司的看法和建议。朋友很高兴能找到这么好的员工，经常夸小伙子业务熟练、勤奋敬业。

也许是夸奖的话听得多了，也许是职场路走得太顺了，小伙子开始有些飘飘然了，甚至认为老板没有他不行，经常对出了差错的同事不留情面地批判，有些业务不请示领导就私自做主，偶尔开会时还会罗列一下自己的业绩，甚至把别人的功劳也往自己身上揽。他的这种做法引起了同事的不满，也激怒了他的老板。

提起这些事情，朋友跟我说："这个年轻人确实有能力，就是自视太高，太拿自己当回事了！看不起同事不说，就连部门经理甚至连我这个老板，他都想指挥安排。公司是一个组织，就算他个人再有才华，我也不能让他影响整个团队。"

自以为不平凡，比别人聪明能干，却不料聪明反被聪明误。倘若仔细观察，你会发现，越是学富五车有本事的人，越是谦虚谨慎；只有志大才疏的人，才会"无知并无畏"着。对于20多岁的年轻人来说，生活阅历尚浅是不争的事实，又有什么值得骄傲的呢？本就是芸芸众生中的一员，又何必自命不凡地不屑与他人为伍呢？

走进职场，无论你多么出色，都不要太拿自己当回事。要知道，每一个看似很低的起点，都是通往辉煌之峰的必经之路，世间没有不能放下的成就，唯有具备了这样的心态，才能够无往而不胜。蔑视他人，自诩不凡，不会让你显得多么高贵，只会透露出内在的浅薄与无知。

伟大出于平凡

2010年夏，朋友给我推荐了一本名叫《邮差弗雷德》的书，他说自己看过后很受触动，这本书可能会对我的工作有所帮助。果不其然，一口气读完此书后，我就将其用到了当时的工作中。时至今日，这本书依然能对我的工作产生巨大的帮助。

费雷德不是天生英才，也不像议员、明星那样令人瞩目，他就是和千千万万个你我一样的普通人，从事着一份邮差的工作。在很多人眼里，投递邮件的工作枯燥、烦琐，没有多大的意义，可弗雷德却深爱着这份工作，并将其视为一次机会，一次改变周围人的生活的机会。

某天早上，他敲开了刚搬来丹佛市不久的一位客户家的门，欢快地跟对方打招呼："早安，桑布恩先生。我叫弗雷德，专门给您送邮件的。我刚好路过，顺便过来跟您打声招呼，一来对您的到来表示欢迎，二来希望认识一下您，看看您是做什么工作的。"

站在桑布恩跟前的这个邮差，相貌普通、中等身材，留着小胡子，看起来其貌不扬，可周身洋溢着的热情和诚意，却能一下子打动人心。桑布恩和大多数人一样，多年来一直接受邮政服务，可在此之前，他还从来没有这样跟邮差打过照面。这让他感到有些惊奇，也有些感动，并在脑海里记住了这个叫弗雷德的邮差。

他告诉弗雷德，自己是一名职业演说家，一年大概有160~200天在外工作。

弗雷德听后，说道："既然如此，要是您能把您的工作计划表给我一份的话，我就可以帮您保管邮件，等您在家的时候我再给您送来。"

桑布恩对弗雷德的建议感到有些意外，并声称不必这么费神。不料，弗雷德却一本正经地说："桑布恩先生，盗贼时常会注意邮筒里的邮件有多少。如果邮件堆得很高，就证明您不在城里，他们很可能会光顾。请听听我的建议，桑布恩先生。只要邮筒能装下，我就把邮件放在里面，这样就不会有人知道您不在家。邮筒装不下的东西，我放在纱窗门和前门之间，那儿别人看不见。如果那里也放满了，我就帮您保管其他邮件，直到您回来。"

两个星期后，桑布恩先生出差回家，发现门垫不翼而飞了。难道，盗贼连门垫也要偷吗？很快，他在门廊的一角发现了那张门垫，下面盖着的东西，是一个包裹和一张纸条，落款人正是弗雷德。原来，在桑布恩出差期间，另一家邮递公司把一件寄给他的包裹投递到了别人家门口。弗雷德刚好发现了，就把包裹带了回来，贴上便条后用门垫盖上，以免被别人发现。

这，只是弗雷德工作中的一个小小的片段，他事事都为客户着想，细致到连客户都想象不到的地步。然而，正是这样一次偶然的机会，让弗雷德的事迹广为人知，让弗雷德化身为一种积极向上的形象。因为，他的客户——马克·桑布恩，是桑布恩公司的总裁，是全美演讲工作者协会的主席，也是享誉全球的畅销书作家。

弗雷德或许从未想过，他会成为桑布恩笔下的主人公，并成为其在美国各地举行的讲座或研讨会中的谈论话题，还能让不同国度的人透过《邮差弗雷德》认识自己。弗雷德是一个平凡得不能再平凡的邮差，可他的故事却吸引了世界上千千万万的人，从服务业到制造业，再到高科技和医疗卫生行业，听众和读者们都感受到了他身上那份特殊的吸引力。

弗雷德是一个再平凡不过的人，他只是日复一日地重复着同样的工作，却把每一天都过得十分有意义，用心对待每一位客户，竭尽全力为他们提供最贴心细致的服务。邮差的工作是最平凡的，可能够做到弗雷德这样的又有几人呢？弗雷德是最平凡的，可又有谁敢否认他的伟大呢？

伟大，无须用多么华丽的辞藻来修饰，也无须做出多么惊天动地、气吞山河的事情。更多的时候，就是认真地做好本职工作，负自己该负的责任。这些看似平凡的举动，在某些特定的时刻，就会成为一种令人瞩目的伟大。

说到这里，我又想起一件事来。

有一位船主让油漆工给船涂漆，油漆工给船上完漆后，发现船上有一个洞，就顺手把洞给补上了。不久后，船主再次找到这个油漆工，并给了他一大笔钱。油漆工觉得很奇怪，解释说："上次的工钱已经给过了。"船主告诉他："这是补洞的钱。"

油漆工笑笑说："那是顺手补的，不足挂齿。"

船主听后叹了口气，说："当我听说孩子们驾船出航的时候，我就知道他们回不来了。可是刚刚，我看到他们平安返航，再去查看那个漏洞的时候，我才知道，是你救了他们！真的真的很感谢……"

油漆工又笑笑，淡淡地说："就是顺便之事，您太客气了。"

油漆工顺手修补一下船上的漏洞，听起来是多么简单、多么平凡的一件事。可是，如果换一种方式来说，一个平凡的油漆工，挽救了几条鲜活的生命，你又会做何感想？那一瞬间，会不会觉得他很伟大？是的，世间再没有什么比生命更可贵的，挽救了他人的生命，犹如再生父母，自然称得上伟大！

再说"最美司机"吴斌，他只是做了一件最平凡的事——把车停稳，可就是这个平凡的举动，却挽救了车上 24 名乘客的性命。他只是一个平凡的司机，却又是伟大的生命守护神。这些人用行动告诉了我们：没有平凡，就没有伟大！

那些沉浸在不切实际的幻想中，期望着瞬间蜕变、告别平凡的人，是时候醒来了！生活是现实的，日子也是一天天过的。伟大，永远摆脱不了平凡。平凡，表面看是微不足道的，实际上它是伟大的基石，是平凡孕育了伟大，是平凡积累成了伟大。

说这些事的目的，不过是想提醒所有的职场人：甘于沉下去，才能浮起来。不要看不起基层的工作、简单的小事，多数成就大事的人，都曾走过一段平凡的、默默无闻的路。

佳能公司的创始人御手洗毅，第一份工作是北海道大学附属医院妇产科助手；台湾商界巨人王永庆，曾经在茶楼做过跑堂；戴尔公司的创始人迈克·戴尔，第一份工作是在一家中国餐厅做小工；浙江万向集团主席鲁冠球，第一份职业是打铁；中国德力西集团总裁胡成中，曾是一介裁缝；人民电器集团董事长郑元豹，13 岁开始打鱼赚钱，17 岁改行去打铁，后又当了工人……看到了吗？这些为人所熟识的成功者们，都是从最平凡的工作起步的，都是靠着稳扎稳打、一步一个脚印的态度，慢慢获得成功的。

或许，有人会觉得，这些企业家距离自己生活的圈子有点远，没有关系，接下来我要说的，就是发生在我们身边的一个普通人的故事。

我的邻居张先生，现在北京有三套房子，一家餐厅，两家大型蔬果超市。他为人很大方，时常会送给街坊四邻一些水果。刚搬来的新邻居不知情，就只知道张先生生意做得不错，家里很有钱，其他一概不知。我与张先生做邻居已近 20 年，可谓是目睹了他创业的整个过程。

记得我认识张先生时，他在社区附近繁华的那条街租了一个店面，主营水果。那店面不过三四平方米，每天他都是四点钟左右就开车去进货，回来后开箱整理、摆放，白天一整天都要在店里忙活，晚上收摊后还要整理打扫，回到家基本上都要 11 点钟了。算下来，他一天也休息不了几个钟头，经常是趁着中午人不多的时候，稍微打个盹儿。

那会儿，张先生给我送水果，我总是不太好意思要，毕竟人家也不容易。没想到，我的一句"不容易"却勾起了张先生的话匣子，他说："现在比以前好多了。前些年，我都是自己蹬着三轮车沿街卖水果，一卖就是五年啊！赶上刮风下雨的，那罪可是受大了！现在，好歹有车能进货，有个店面能放东西，比过去强多了！"

后来，张先生把小小的水果店铺扩展到一个大型的蔬果超市，又开了另一家连锁。前几年，他的弟弟在附近买了房，哥俩又合伙开了一间餐厅，他主要负责打理蔬果超市。一路走来，他吃过苦、受过累、赔过钱，并不是一直如眼下看上去的那么风光，可正是那段平凡甚至略带点苦涩的日子，成就了今天的他。

很多人抬头仰望他人的成功，总是满怀羡慕，不自觉地想：如果我有他那样的机会，可能比他做得更好。他们或是忘了，或是从不去想，亦或不愿承认，那些成功的人也是付出了努力和艰辛的，就像一棵参天大树绝非一日长成，也是从一棵弱不禁风的小树苗历经无数次风雨的洗礼后，才有了现在的模样。

每个不平凡的人，在拥有的成就背后，都曾有过一段平凡的岁月。默默无闻不可耻，更不可怕，只要勤奋努力、积累经验、日清日高，就算是一份微不足道的工作，也能够赋予你成功的机会。

在平凡中实现自我价值

某高校曾邀请过一位企业家坐而论道，即将迈出校门的学子们大都想从这位企业家身上收获一些成功经验，以便作为日后打拼职场的资本。然而，在提及这个问题时，企业家反问学生："你们是怎么定义成功的？认为怎样才算成功？"

台下出现了一阵小小的躁动，讨论声此起彼伏，大多数学生都觉着，一个人有地位、有财富、有名望、有学识，就算是成功。概括之，就是以功名利禄作为判定成功与否的指标。

听到这些回答时，企业家温和地笑了。接着，他给大家讲了一个故事。

美国华盛顿的法拉格特广场，有一位做了一辈子卷饼的老人。他的卷饼很受欢迎，可谓是当地小吃的标志，许多外地人都慕名而来。老人就像中国处处可见的小贩一样，勤劳而快乐地生活着。

每次看到老顾客，不用他们细说，老人就会做出符合对方口味的卷饼。他与顾客之间并不是一手交钱、一手交饼的买卖关系，还有一份情感上的交融。顾客喜欢他做的饼，夸他的手艺好，而他也很享受这份付出后得到的认可。他享受着自己的工作，做得专注而投入，一天又一天，一年又一年。

生命是无常的。忽有一天，老人不幸突发心肌梗塞猝死。按照常理说，一个无名无地位的人去世，除了亲人和朋友会为之悲伤难过以外，并不会引起什么大的反响。然而，这位老人的去世，却引发了许多人的哀思，他的讣文和故事竟成了《华盛顿邮报》的头版新闻。

听完企业家的讲述后，会场上安静极了，有人陷入了深思中，有人露出了凝重的表情。

企业家没有用豪言壮语鼓舞学子们去争当金字塔尖上的人，他告诉学生们："走进社会的第一课，不是去追逐他人眼里的成功，而是要学会脚踏实地做事，在平凡中做真实的自己。人生的输赢，从来不是外界能够评价的。"

杜鲁门当选美国总统后不久，有位客人前来拜访他的母亲，客人笑着说："有哈里这样的儿子，您一定感到非常骄傲吧？"杜鲁门的母亲赞同地说："是这样的。不过，我还有一个儿子也同样使我感到骄傲，他现在正在地里挖土豆呢！"

奥巴马有一个弟弟叫马克·恩德乔桑，在深圳开了一家木屋烧烤店。当有人把他的哥哥奥巴马当选新一届美国总统的好消息告诉他，并羡慕地说他就要去沾总统的光的时候，恩德乔桑并未流露出任何的得意与兴奋，他一边给顾客做着烧烤，一边平静地说道："他当他的总统，我做我的烧烤，这没有什么不同。"他的眼睛始终没有离开炭火，目光中有一种淡定与平和。他还说："如果将来哥哥来中国访问，来到我的小木屋，我还可以做烧烤招待他，让他尝尝弟弟的烧烤手艺。我想，这是多么浪漫和有趣的一幕啊！"

两个故事如出一辙，都是亲兄弟，一个当了总统，一个是普通的工作者。可是，在杜鲁门的母亲、奥巴马的弟弟看来，当总统和挖土豆、做烧烤不过是职业上的区别，没有贵贱之分，都是靠自身的努力去经营生活、事业，一样值得尊重和自豪。

春兰秋菊，各有千秋，红花绿叶，各有其妙。人也如是，平凡不是平庸，也不是没用，更非没有自豪和魅力可言。平凡是生命的要素，一个蔑视平凡的人，无论取得了多大的成就，都难以拥有完整的真实生命。世间诸多的不平凡，都是由一个个平凡创造、积累出来的，就像你在为埃及金字塔的壮观而惊叹时，也不要忘记，是什么人建造了它。

接纳平凡的自己，接纳真实的自己，接纳眼下的生活与工作，这是一个现实而又积极的态度。金字塔尖只有一个，但我们可以在自己所处的平台成为最出色的那一块石头，哪怕算不上功成名就，也没有惊世之举，但至少回想起自己走过的路，能够问心无愧，在该付出、该奋斗、该争取的时候，没有在浑浑噩噩、无所事事中虚度光阴。有理想、有追求，努力去创造平凡中的不平凡，那就是一个成功的人。

一切，就如《钢铁是怎样炼成的》中所言："人的一生应当这样度过：当一个人回首往事时，不因虚度年华而悔恨，也不因碌碌无为而羞愧……"当你能够抱着这样的姿态去生活、去工作时，那么，纵然一生平凡，也无悔无愧；而我更加确信的是，能够做到这一点的人，此生也绝不会默默无闻、平庸无奇。

每个人都向往着不平凡，可现实告诉我们，世上绝大多数人都很平凡，平凡得像雾像雨又像风。然而，平凡并不可悲，真正可悲的是蔑视平凡，忘了在平凡中去探寻自身的价值，结果沉浸在抱怨和不满中，荒废了本可以熠熠生辉的人生。

我认识的一个男孩子，参加工作十多年了，至今还是三天两头换工作，总觉得做这行不赚钱、做那行没前途。十年前，有人推荐他去西单的卖场做手机促销员，他一听就皱起了眉头，虽没有直接说出自己的心声，可表情透露出了他的想法。他打心眼里看不上这份工作，认为不够体面，说出去无法满足自己的虚荣心，实际上当时在卖场的不少促销员月收入并不低，甚至比许多在写字楼上班的白领还要高，给他推荐工作的那位朋友，就是从促销员做起，现在已经成了卖场的经理。

后来，他尝试过做销售代表、电子商务、国企工人，先后转换了不下20家单位，却都没能长久。究其原因，还是心态有问题——觉得岗位平凡无用武之地，总想担大任、干大事，不屑于做小事。寻寻觅觅，始终不得志，他就开始怨天尤人，仿佛一切问题都是环境和他人造成的，始终没有实事求是地在自己身上寻找原因。

很多时候，令人疲惫的不是远方的高山，而是鞋里的一粒沙子。那位总在跳槽的年轻人，之所以不愿意做平凡的工作，就是因为思想意识里有了"沙子"。什么样的人是不平凡的？不是从事着光鲜亮丽的工作、拿着比你优厚报酬的人，而是在自己所处的领域、把自己的工作做到极致的人。人与人之间只有分工的不同，没有职业的高低贵贱之分。

无论身处庙堂之高，还是脚踏江湖之远，都不过是芸芸众生的一个，不必太拿自己当回事；同样，就算是从事着简单的、平凡的工作的人，也不必妄自菲薄，都当保持自信和自尊。正所谓"天生我材必有用"。羡慕他人、追捧他人，并为此贬低自己，实在大可不必。因为，每个人的存在都有其价值。

使人疲惫不堪的不是远方的高山，

而是鞋里的一粒沙子

第二章

"初心"之淡泊——秉持淡泊之心，远离负面情绪

抱怨是成功的大敌

工作应该是一种充满热情的体验，而不应是漫长黯淡的经历。多一些宽容，少一些抱怨；多一些奉献，少一些索取；多一些责任，少一些推诿；多一些参与，少一些封闭，甩掉所有的灰色因素，发现工作的魅力，才能体味工作的意义。

以前看过一则笑话，讽刺的是一些喜欢"胡思乱想"的消极主义者。

一天夜里，一位疲惫的巡回推销员急驰在荒僻的公路上，没想到途中汽车爆胎了。虽然车上有备胎，但他没有带千斤顶，怎么办？这时，他看到不远处有一个农舍透着光，就准备过去借个千斤顶。他一边走一边抱怨："真够倒霉的！"接着，他又开始瞎想："要是没人出来应门怎么办？"、"要是他们没有千斤顶怎么办？"、"要是他们死活不肯借给我怎么办？"

他越想越焦躁，感觉肯定没有人会借给他。他甚至还在想，要是对方严词拒绝他，该怎么办？想着想着，他情绪变得很激动，就在农舍的门打开时，他竟一拳打在了开门者的身上，嘴里大喊一声："你留着那破千斤顶好了！"

瞧，这就是典型的消极主义者，事情还没发生，就开始想象最坏的结果，并用消极的问题给自己制造了一个茧，最后做出了令人匪夷所思的荒唐之举，看起来可笑至极。尽管这是个笑话，有夸张的成分，但这种可笑的思维方式，却让现实中的很多人有似曾相识之感。

有个年轻的女员工，平时一直都很情绪化。有一天，她觉得心里莫名其妙地烦躁，可又不敢在办公室里跟同事抱怨，害怕被上司发现。于是，她就打开了QQ，在群里跟一帮朋友唠叨起自己的"不幸遭遇"来。

当天，她最痛苦的事就是："什么事都让我干？！真烦！"值夜班的同事请假了，上司要她顶替那个人值班；"别人不愿意干的事，都扔给我了！"一个"难缠"的客户来了，要她陪着笑脸去接待。"为什么倒霉的总是我？"她愤愤不平地敲打着键盘。

屏幕另一端的朋友们也开始"支持"她，跟着一起抱怨各自在公司里的"不幸遭遇"。似乎只有一位朋友劝慰说："想开点儿，能者多劳嘛！这说明你有本事，领导重视你，干得多提升的机会也大啊！"

不过，这番话并没有化解她心里的怨气，她依然振振有词："他们让我干的，全是些费力不讨好的事。你们不知道，我们公司只有那些会溜须拍马、阿谀奉承的人才有升职加薪的机会……我这样的？算了，就是个倒霉蛋。"

这不是她某一天的状况，而是一种常态。她平日里工作得很不愉快，经常抱怨来抱怨去，每天不发泄两句，心里就憋屈得慌。可每次发泄完了，活照样得干，不想面对的烦人事情还是得面对……花在抱怨上的时间，还得靠加班补回来，弄得她焦头烂额。

回想一下，你在工作中有没有过和她一样的情况？或者说，有没有说过类似这样的抱怨话："凭什么苦活都让我干，风头总是他们出？""跟一群小人共事，真是倒霉！""每次都遇见抠门至极的老板！""真是倒霉，当初怎么就心甘情愿到这儿来上班了。"

我相信，这样的抱怨对很多人来说都不陌生，但你有没有认真反思过：这样的抱怨有道理吗？能改变什么吗？当你把所有的不顺心都归结于"倒霉"和"运气不好"时，你有没有想过，也许正是你的"倒霉心态"才让你越来越倒霉？

顺便说一下，上述的那个女职员，后来被公司辞退了。算上这一次，她毕业后的三年里已经换了五次工作。工作经验也算是有了，但低廉的薪水和糟糕的人际关系，却一直伴随着她，从未有任何改变。这，就是"倒霉心态"带来的结果。

心理学家一致认为：提出什么样的问题就会得到什么样的结果，把自己看成什么样的人就会成为什么样的人。如果你总在问自己"为什么我这么倒霉"，那你就是在命令大脑搜索出"我是一个倒霉蛋"的证据；如果你总是追问"为什么上司不喜欢我"，那你就会想到上司对自己的种种批评和不满，更加确信"上司就是不喜欢我"就是事实。

所以，我们应当注意一下自我提问的方法，尽量做一些积极的、快乐的问句，比如："我该怎样处理这个问题？""这件事真有那么难吗？""我从这次错误中要吸取哪些教训，如何避免类似的事情再发生？"，等等，当你习惯了这样去想问题，肯定会有神奇的效果。

话说回来，当我们投身职场的那一刻起，就应该明白一个事实：工作不是度假，也不是娱乐活动。想通过工作获得收入、实现自我、赢得成功，必然要付出一定的代价，如加班加点地赶进度、面对难题时的无助、纷繁琐碎的事务、不可避免的挫败……这些是每个人都要经历的，谁都不例外，唯一的区别就在于，你选择什么样的心态去看待。

我见过很多人，有些已经接近退休年龄了，可一提到工作依然是满腹牢骚，仿佛全世界只有他最倒霉，这些人无一例外在事业方面都没什么大成就。我也遇到过不少经历过大起大落的人，他们极少会因境遇问题随意发泄情绪，而是一直积极地想办法去解决问题。

当你又一次觉得"我怎么这么倒霉"时，请你理性地思考一下：许多事情抱怨也是做，不抱怨也是做，喜欢做也得做，不喜欢做也得做，那你何必让自己不开心呢？任何事情都有利弊两方面，利弊两方面也会互相转化，关键在于你怎么去看待。就算是真的不幸，那也可能是另一个机遇的开始，换个角度看问题，心情就会不同，结果也会不同。

有句话说："面对工作，要么辞职不干，要么闭嘴不言。"既然无论如何都要做事，为什么不试着改变一下心态呢？有时候，就只是改掉一句口头禅，改变看事情的角度，厌烦的事情就会变得不那么糟糕，平凡的人生也会变得不平凡。

我曾就工作心态的问题，拜访过一位 500 强企业的女经理人。回顾自己一路走过的点点滴滴，她是这样说的："如果对现状不满，就设法改变它。如果改变不了事物的本身，就努力改变自己的心态。千万不要抱怨，因为抱怨解决不了任何问题。公司里的每个位置对于企业的生死存亡都起着至关重要的作用，当一个位置的价值得不到充分体现时，就会直接削弱整个企业的生命力。无论你在工作中扮演的是什么样的角色，都要尽力演得最好。"

的确，成功不是追求得来的，而是被改变后的自己主动吸引而来的。不管你现在做什么工作，只要已经开始做了，就不要吝啬勤奋和努力，更不要心猿意马，抱怨连连。在工作中羁绊和束缚我们的，往往不是别人，而是自己。如果你肯适时地改变一下自己，你会发现，那些令你感到"厌烦"的人并没有那么讨厌，而你的职场生涯也可能从此变得一帆风顺了。

不虚荣，亦不自弃

职场里有这么一类员工，每次听到别人签了哪家大公司，每月工资多少多少，心里就充满焦虑，萌生换工作的念头。论实力，论学识，或许他们并不比别人差，可就因为这种心理的存在，让他们的职场路走得异常艰辛。可以这样说，他们根本不是在为自己找工作，也不是在为自己工作，而是为了别人的目光，为了满足内心的虚荣。

女孩小艾毕业于某外国语学院的旅游专业，毕业后经朋友介绍，到一家旅行社做导游。专业对口，工资不错，还能四处旅游，家人亲戚都说她的工作不错，还有不少同龄人对她羡慕不已。小艾的虚荣心得到了极大的满足，自己也觉得工作挺幸福。

两年后，小艾的表妹从国外留学回来，到一家美国企业工作。当时，这家企业给出的待遇是税后九千多，每年有两次出境游。公司的地址位于市中心最繁华的地段，可谓是"CBD"商圈。很明显，表妹就快够得上"金领"了，出入高档写字楼，穿戴都是名牌，接触的客户也都是上层社会的知名人物。

因为年龄相差不多，小艾看到表妹的现状，心里不免有些失落。论英文能力，自己虽然没有出国，可也能说一口流利的英文；论外形，她也不差；论能力，她觉得自己处事够圆润，八面玲珑。每次家庭聚会时，她总是不乐意参加，害怕别人问起他们这些小辈们的工作、收入，有了表妹的存在，她觉得自己失去了那种做焦点的感觉。

很快，小艾辞职了。她经历几轮面试，也跳槽到了一家外企。可是，到了外企之后，她突然发现，其实这里不是天堂，根本没有自己想象的那么好。比起做导游时，自由时间少了，而且工作压力特别大，每天忙忙碌碌的，透不过气来。论工资，跟做导游时差不多，可花销却大了很多。过去，一身舒服的运动装，几百块钱就能搞定。可现在呢？要穿出"精英"、"白领"的感觉，衣服搭配很重要，鞋子也不敢怠慢，就连化妆品也很讲究。一个月算下来，忙了半天，剩不下多少钱。可即便如此，她也"死扛"在岗位上，理由很简单，别人问起她在哪儿工作时，她可以很有面子地说："外企。"

像小艾这样的人，就不是在为自己找工作，而是在做虚荣的奴隶。虚荣心，就是一种过分强调自己的表现，为了取得荣誉和引起普遍关注而表现出来的一种不正常的社会情感。在虚荣心的驱使下，人们往往只追求面子上好看，不顾现实的条件。

不过，跟很多人相比，小艾还算是幸运的，找到了一份能够满足虚荣心的工作。现实中更多的人，忙忙碌碌找寻好几年，都没找到理想的工作，尽管自身条件不错，可始终没有遇到一份与虚荣心匹配的工作，便固守"宁为玉碎不为瓦全"的原则。

这样的坚持，这样的原则，有什么意义呢？无疑是在延误走向成功的时间。虚荣，实际上是没有走出心的牢笼，是对未来没有清晰的认识，还处于一个迷茫的状态。人生有很多选择，但最重要的是，能够抛开外界的目光，为自己做选择。

32岁的杜磊毕业于某名牌大学，学的是英语专业，成绩也很优秀。在别人抱怨"毕业等于失业"的时候，杜磊却很顺利地得到了一家移民中介公司的翻译职位。翻译，就像闪耀着光环的帽子，尽管这家公司给予的待遇并不太好，可杜磊还是很满意，因为其他同学都在羡慕他，他的虚荣心得到了满足。

两年后，杜磊发现自己大学的室友在摸爬滚打中能力得到了大幅度提升，而自己跟毕业时相比没什么长进。有时，因为自己总翻译一些固定的词语，接触的领域也有限，失去了很多学习和巩固知识的机会。让他更难以面对的是，别人工资一年翻一倍，而自己两年来只涨了一千块钱。他，已经被别人远远超过了。

幸好，杜磊是个懂得反思的人。"翻译"，这个在别人眼中只有高文化水平者才能从事的工作，并没有给他带来实际的利益。他义无反顾地辞职了，到一家外贸公司做业务员。一年之后，他的工资和提成加起来已经是原来薪水的两倍，而且他的职位也跟着得到了相应的提升。转了一圈之后，杜磊才觉得自己找到了正确的方向。

不管是刚刚毕业的年轻人，还是已经在职场路上行走多年的上班族，不能只盯着自己听说的、看到的那些充满诱惑的知名企业，外面的世界很大，只有真正符合自己职业规划的工作，才是最好的选择。另外，不管做什么工作，都是自己的事，不要为了博得别人艳羡的目光和称赞去选择工作。与人攀比，向人炫耀，无非都是虚荣心在作怪。

选择工作要多考虑自己想要什么，而不是做给其他人看，错误地选择不适合自己的东西，得到了表面的荣耀，却委屈了自己，得不偿失。不管从事什么类型的工作，只要自己喜欢，愿意为之全身心地投入，那么它就是值得你奋斗一生的事业。抛开所有的杂念，全心全意去享受工作，如此才可能在你所属的领域中做出成绩。

相反，虚荣过度，却得不到满足，就容易走向反面，这就是自暴自弃。作为芸芸众生中的普通一员，我们都无法控制外界的环境和人事变动，偶尔遇到点挫折打击也是常有的事。没有谁敢说，他的一生是平坦顺利的，越是那些取得了成就，在财富、地位上高于常人者，经历的挫败越多。庆幸的是，他们拿出了足够的勇气去面对，而那些碌碌无为甚至是一蹶不振的人，选择的却是自暴自弃。

一位45岁的中国女性樊某，屡次到职介所找工作，都未能如愿以偿。现实的打击让她产生了愤恨与不满，一时间又不知如何改变，最终选择了用极端的方式来发泄。某天早上8点钟左右，她在职介所附近将可燃性液体泼在了一位女性的身上，并用打火机点燃。那位女性的后背着起火来，直接冲到了最近的理发店里，所幸身上的火势及时得到了控制，只有上半身被烧伤，随后被送往医院救治。

放火烧人者樊某被警方以涉嫌杀人未遂罪逮捕，她向警方承认："我经常到职业介绍所找工作，但总是找不到，我就自暴自弃了。我还要威胁一下那位职业介绍所的女职员。"

因找不到工作而仇视社会、仇视他人，用伤害别人也毁灭自己的方式去宣泄情绪，实在愚蠢而可悲。这样的方式不可能赢得别人的同情和关注，只会让人更加轻视你，因为你的所作所为清楚地告诉了别人，你把自甘堕落、破罐子破摔的痛苦，转嫁给无辜的人，你在丧失了意志的同时，也丧失了道德底线。

当然，这样的事例有些极端，我们通常看到的自暴自弃者，还未上升到这样的层面。多数情况下，他们可能更像下面这个案例中的主人公。

我在一家企业担任行政主管时，曾接触过一个员工，在这里我们姑且称之为 A 吧。

A 是一个性格内向的人，说话做事还算诚恳。第一次面试时，我了解到他过去的工作经历：毕业三年，在其他公司做过业务，经验不深。从他说话的语气中，我察觉出了一丝失落和不满，但他表现出对目前应聘的这份工作抱着极大的希望和信心，也想借此机会改变现状。

他的勤奋和韧劲，打动了我和负责业务的主管，我们决定留下他。入职后，除了进行常规的培训外，我与 A 也进行了多次的交流。他很虚心，但内向的性格并未有丝毫的改变。我当时觉着，大概是因为时间太短，他还没有完全适应这里的环境，慢慢就会好起来。现在想来，我很遗憾没有提醒他，或者说是帮助他提升社交能力。

很快，半年多的时间过去了。A 由于性格内向，加上经济上的拮据，业务进展很慢，只签下了一个很小的单子。更严重的是，他的网点中有一个大单子没能把握住，中途丢掉了。这对 A 的自信心和积极性影响很大，随即出现了到岗不及时、遇事不汇报的情况。他可能是觉得自己能力不足，但不知如何改进，也是那段时间他迷上了网游，工作总是心不在焉。

我了解情况后，立刻找 A 谈话。他说没事儿，只是暂时心情不好，自己可以调节。知道他经济拮据，在一次出差前我还借钱给他，鼓励他要从失利中走出来，多分析原因，避免再犯重复的错误。当时，他的确有了很大的变化，业务主管跟他一同出差时，也顺带做了一些思想工作。

然而，乐观的情况并没有持续多久。当公司对业务部的薪酬体系重新进行调整后，A 又陷入了低迷中，没过多久就提出了辞职。对他的离开，公司没有做太多的挽留，一个心理极度脆弱、经不起任何风吹草动的人，实在不适合做业务代表。或者说，如果他不能从根本上扭转心态，学不会自我激励的话，无论做什么工作，都很难做出成绩。

马克思说过："自暴自弃，这是一条永远腐蚀和啃噬着心灵的毒蛇，它吸走心灵的新鲜血液，并在其中注入厌世和绝望的毒汁。"

人生路上最大的敌人，不是缺陷，不是贫穷，更不是失败，而是自暴自弃。自暴自弃的人，对现状不满，对生活失去了激情，对自己失去了信心，怀着破罐子破摔的心理去混工作、混生活，将人生当儿戏。在这种恶性循环中，不知不觉失去了再学习、再进步的机会，也失去了被赏识、被提升的机会，与自立自强、实现理想背道而驰。

其实，人生遇到打击很正常，如果人人都因此自暴自弃，那么这个世界早就天塌地陷了。身体有缺陷没关系，你可以扬长避短；生活暂时困顿没关系，你可以选择勤奋努力；遇到失败、挫折更没关系，可以重新爬起来，人生没有翻不过去的山，大可不必为此而堕落。

那么，当工作遭遇失意时，该如何调整情绪、迅速地找回自我呢？

很多人承受不了失意的打击，是因为在踏入职场的那一刻起，从来没有想过会失业，更没想到有些付出可能是无果的，当这些意外突然来袭时，因为丝毫没有防备，所以被"一击毙命"。为此，我建议大家，不管发生什么情况，你都要在第一时间为自己的内心注入一个理智的声音——"一切都可能发生"，让自己知道这是很正常的情况，减缓失意对自信心的冲击。

接下来，就要鼓起勇气去面对"真实"的自己了。对过往在工作中的表现进行反省和总结，对自己的能力做一个客观的评估。只有意识到问题所在，发现了不足之处，才能有针对性地完善，让原有的积累成为全新的起点。

试一试吧！工作中受挫的时候，接受已发生的事实，把时间用在完善自我、激励自我上，不抱怨、不想太多，鼓起勇气往前走，坚守自己的信念，就一定能够战胜自我，走出自暴自弃的怪圈，朝着优秀的方向再迈进一步。

正确面对压力和摩擦

徐某是一家会展公司的业务员，每天早上睁开眼，她想到的第一件事就是当天的工作安排。匆忙地吃过早饭后，她就急着奔往公司，等到了办公室，有时椅子还没坐热，电话铃就开始频频响起，还要接待随时来访的客户。

最初，徐某还觉着这样的生活很充实，可随着公司的项目越来越多，加班的次数也愈发频繁，徐某就开始厌烦了。特别是在周末，看着同学朋友在微信上发着各种美食、游玩的照片，她对工作就产生了厌烦之感，总想着跳槽换一份轻松的、能正常上下班的工作。

　　都说一心不可二用，有了跳槽之念的徐某，经常心不在焉的，对项目的情况也不用心了解，好几个有意向的客户打电话来询问，被她支支吾吾、含糊不清的言辞弄得云里雾里，最后不了了之。她的一举一动都被经理看在眼里，终于在一个大项目结束后，经理决定实行末位淘汰制，而徐某就在被淘汰的名单中。

　　有人厌烦工作压力总想着逃避，也有人沉浸在压力中不知如何自处。

　　玟在北京某科研单位工作，她的快乐与幸福感，只有在加薪、评上职称、领导表扬的时候才会出现。她说自己是职场中的工作守护者，与工作有关的好事统统会让自己兴奋不已，因为这样就会看到未来的曙光。

　　有同事邀请玟到野外采风，玟总是找各种理由推脱，说自己还有工作没有完成，忙得脱不开身，没有时间。父母催着玟常回家看看，玟也总是说自己的时间太紧张，等有空的时候再回去。玟总觉得自己的房子太小，衣服太少，生活只有在物质得到保障的时候，才能随心所欲，现在的忙碌就是在为生活打拼。

　　然而，忙碌也给玟带来了一些精神上的困扰。有时，她会在做一件事的时候突然间觉得自己很渺小很迷茫，空虚得不知所措。有时，也会胡思乱想，觉得自己的前途漫漫，不知何时才有尽头。直到有一天，玟在网上查阅资料时，一个名为"压力上瘾症"的词语映入她的眼帘。玟从未想到，里面介绍的种种现象竟然和自己的现状完全吻合。她已经陷入了一种"病态"之中，可自己却浑然不觉。

　　无论是徐某还是玟，他们的感受和状态，许多人都亲身经历过，特别是在大都市里打拼的上班族们，绝大多数都出身平凡，渴望着在充满机遇的城市里实现理想、获得成功。竞争激烈的地方，压力必然会很大，如每天挤公交地铁上班，在单位里小心翼翼怕出错而被训斥，还要承受高额的房租及其他开销……心理脆弱的就会像徐某，想逃避和放弃；不甘认输的就会像玟，患上压力上瘾症。

站在客观的角度来说，这两种方式都不是对待压力的正确方式。抵触和逃避压力的人，往往贪图安逸，做事懒散；压力上瘾的人，总是强迫自己，对身心无益。我总是跟员工们强调，工作是一场马拉松，途中处处都会有压力和阻力，想要比别人走得远，坚持得更久，一定要学会与压力和平相处，这是一项技能，也是一种智慧。

戴维·马奥尼是美国有名的亿万富翁，曾担任跨国零售企业诺顿·西蒙公司的董事长。他是一个非常讲究工作效率的人，但在某些不知情的人眼里，他却是一个十足的"工作狂"。

提到工作压力，戴维是这样说的："我要求自己每一天都要过得有质量、有效率，我知道，这意味着我的日子将会很辛苦，要时刻处在高压之下。但我不觉得日子很沉重，反倒时常感到一种轻松。为此我相信，轻松来自压力，而并非来自庸庸碌碌、无所事事，我也坚决主张，每个人都应当竭尽全力地度过自己的每一天。

"我对自己所做的每件事都充满了热情，我总会认真、负责地干好每一件事。我希望所有的人都像我一样。当然，这会有压力，但就像你正在黑暗中朝着阳光奔跑一样，你只有来到了阳光下，才能理解自己曾在黑暗中奔跑的意义，才会感到压力带给你的轻松，并知道自身的价值所在。可惜的是，大多数人并不知道他们周围正在发生着什么，有 2/3 的人甚至不知道自己身上正在发生着什么。没有压力，人们根本就不可能了解生活，也根本不可能了解自己。"

我想，有了这样一番解释，我再无须用什么话来说明压力的积极意义了。正因为无限风光在险峰，才让无数人不畏艰难去攀登。只有带着压力前行，在获得胜利的那一刻，才更能体会到喜悦感与成就感。

当然了，凡事皆有度。如果压力过大，甚至身心感到无法承受时，又该怎么办呢？我讲几件小事，希望能对大家有所帮助。

事件 1：我的朋友 J 经常在办公桌上摆放一盆植物，每天抽出 15 分钟去照顾它，除了浇水以外，还会买一些洁白沙粒覆盖在泥土表面，再准备一块干净的小布，细心地擦拭叶子。做这件事时，她很专注，什么都不想。

事件 2：一位商界首富，每当感到自己精神陷入紧张状态时，就会拿起相机去拍摄房间里的静物，或者是透过窗口拍摄远处的风景。

事件 3：担任某大型公司销售总监的 H，每天早上都会冲一个冷水澡，无论春秋冬夏，从无例外。他说："冷水浴能让我瞬间清醒，帮我减轻一些工作压力，每天精神奕奕地出现在办公室，冷静、高效地处理问题。"

看到了吗？每个成功者都面临着压力，只是他们懂得如何调适。当你在工作中遭遇压力，感到厌烦和沮丧时，不妨从俗务的羁绊中解放出来，游山玩水、欣赏音乐、种花、养鱼、写字、绘画、集邮、做木工活，进行一些轻松、有益、有趣的业余活动。这些都是排除烦闷、缓解压力、修身养性的方式，找到一个适合自己的，试用一下吧！

同样，有人的地方就会有摩擦，有摩擦就会产生矛盾。身在职场，如何避免摩擦、化解矛盾，也是每个职场人必备的一种能力。

结合多年的从业经验，我发现了这样一个事实：个人的职业发展遭到阻碍，问题并不完全出在工作能力上，更多是出在了人际关系上。与同事、领导之间出现了小摩擦，因处理不当导致人际关系紧张，使得许多职场人士感到心力交瘁，进而影响了工作效率和质量。

其实，工作场合出现摩擦是很正常的事，关键是绝对不能以发脾气、斗气来解决。

身为普通人，我们都难以达到心不妄动、从不生气的境界，但我们至少可以努力做到在生气、焦躁的时候，暂时停下脚步、少说一句话。后退一步，不代表懦弱，而是冷静和理智，能够把情况分析得更透彻，从而做出正确的判断。在后退的同时，白热化的状态会逐渐冷却，有助于彻底解决问题，而不影响人际关系。

当你的同事表现出愤怒时，你不要以愤怒的姿态与之对峙。你可以坚持自己的意见，但一定向他表明，你希望彼此在冷静的状态下进行讨论。同时，你也要询问他生气的原因，如果对方拒绝回答，不必强求；如果他说出不满，你要耐心倾听，但不要妄下断语或是提供解决办法。相信我，当你和颜悦色地与之说话，稍微有点修养的人都会为自己的失态感到羞愧，给他一点儿时间，他就会恢复冷静。

当你的同事表现得很冷漠，不愿与你合作时，你不妨用友善的态度表示你想协助他的意愿。若是对方因家庭、情感等私人因素影响到工作，可建议他找朋友聊聊天，或是请两天假休息调整一下。

总之，工作和生活总需要一点点妥协，向领导让步、向同事让步、向下属让步、向家人让步、向对手让步，都是不可避免的，也是处理人际关系不可或缺的手段。还是那句话，你做出了让步，不代表你是失败者。相反，你的让步带给你的是和谐的人际关系、融洽的情感，比起逞一时之能、争一时之气，你是更大的胜利者。

最后提醒大家，想要生活和事业顺顺当当，永远要记住这句话："人对了，世界就对了。"

学会受"委屈"

依照数学逻辑，1 加 1 就是等于 2，毋庸置疑。可到了职场上，1+1 却未必等于 2，因为在众多因素的干扰下，经常会出现是非不辨的情况。

案例 1：我怎么成了勤杂工？

　　刚参加工作半年的男孩 G，说起工作来满腹委屈。进入公司前，父母一再地嘱咐他："到了单位要勤快点儿，少说话多做事，给领导和同事留个好印象。" G 很听话，上班第一天就主动打扫办公室的卫生，给同事和领导擦桌子。这样的做法果然得到了大家的一致好评，可让他郁闷的是：从此以后，他就成了办公室里的勤杂工。

　　有一回，他故意什么都不做，领导便问："G，你是不是身体不舒服？"听起来是关怀的话，可 G 却觉得很别扭：平时从来都不问我，只有今天没擦桌子扫地，反倒问起来了？关心的背后，难道不是在质问我为何不打扫卫生吗？不仅如此，那些技术含量低、跑腿打杂的事，也都落在了 G 身上，想到这里，G 心里一阵不平，自己可是名校出来的高才生，怎么就成了勤杂工呢？

案例 2：为什么受伤的总是我？

　　F 对领导安排的工作，从来都不会说"NO"，且不管是什么样的急活，只要交给她，通常都能搞定。一次，某同事病了，其手里正在做的项目急着要交，领导想到了 F。当时，F 手里也有一个项目在进行，可她什么也没说，一如既往地接了下来。

　　前期与客户的沟通，同事都已经做完了，F 只能在电话里向同事了解客户的要求。时间很紧，F 加班加点地总算把方案做出来了。然而，客户看了方案后，却非常不满意，说跟当初洽谈的差别太大。领导很生气，把责任归到了 F 身上，劈头盖脸地数落了一番，还说要扣她的奖金。

后来，F 亲自与客户沟通，这才明白，原来客户的要求和她之前从同事那里了解到的出入很大，这件事情要么是同事理解或表达有误，要么就是同事故意拆她的台。可是，不管怎么样，F 心里都觉得很委屈，毕竟自己辛辛苦苦忙活了一番，没得到认可不说，还破坏了自己在领导心中的形象。

案例 3：谁抢了我的客户？

做业务工作的 Z，眼下正在思考辞职的事，原因是对公司安排两个业务员共用一部电话感到不满。她所用的电话在同事桌子上，每次都是她辛苦地查询信息、找客户、打电话联系，可有意向的客户回电时，电话却被同事接了。这样的事情以前就发生过一次，跟领导反映，领导却是一副不耐烦的样子。这两天，同样的情况又发生了，看着自己费尽力气谈好的客户，却被同事签了单，她实在难掩心头的愤怒。

假如这些事落在你身上，你会怎么想？会不会觉得委屈，影响工作的积极性？

面对这样的情况，首先希望大家明白一点，工作中受委屈是不可避免的事，但如果用大发雷霆、怨天尤人、拂袖而去的方式去处理，就显得不那么明智了。你要知道，职场中还有比委屈更重要的事，那就是你的生存和发展。真正理性的做法是，学会去化解这些灰色因素，让自己回到正常的、积极的轨道上来。

对有些委屈，该忍耐的时候就要忍耐。绝对的公平是不存在的，初入职场者更要认识到这一点，就像抱怨自己被当成勤杂工的男孩 G，他就只看到了眼前的不公平，却没想过其他同事过去也可能有过类似的经历，他若能放下自己的委屈，认真观察和反思，或许能够学到更多，而这也是初入职场的重要一课。

沟通，是化解委屈的重要途径。以案例2中的F来说，遇到这样的情况，完全可以直接跟领导沟通，客观地解释自己的困难，对自己在整个事件中的过错表达歉意。其实，很多时候，谁对谁错并不重要，你的态度带给对方的感受才是最重要的。

再说被同事抢单的Z，这可能只是工作中的一个意外，要彻底解决这个问题最好直接跟同事沟通，跟对方讲明情况，协调解决办法，也许对方可能是真的不了解情况。如果在沟通之后，同事依然不愿意把订单还给自己，那不妨再考虑其他的办法来避免类似情况，如准备一个工作专用的电话号码，让有意向的客户直接打电话联系自己，也是可以的。

当然，心中有委屈感到不舒服，且沟通无法使情况改观时，也不妨找没有利害关系的亲戚朋友倾诉一下。当情绪平复后，再积极地想办法去解决问题。总之，无论如何，都不要把自己的"委屈"无限放大，心胸宽阔一点，才能清醒地认识自己，不至于在事业道路上被无谓的烦恼绊倒。

在淡泊中发现精彩

每天忙活着各种各样的事务，却没有得到上司的认可；对工作从未有过丝毫懈怠，却还是被同事抢占了升职的名额；对客户总是笑脸相迎，却还是因误解遭到了投诉……烦躁、沮丧、愤怒的情绪瞬间袭来，面对这样的情况，该怎么办呢？

有人得过且过，每天还是按时来按时走，不求做出什么成绩，混一天算一天；有人颓靡不振，在自怨自艾中失去了动力；还有人干脆走人，心想此处容不下我，我换个地方就是。

显然，前两种做法完全就是经不起挫败、放任自己的做法，也许当下还能得过且过，一旦有更好的人选出现，你的位置立刻就会被顶替，职场从来不相信眼泪，也不会供养闲人。最后一种做法，看似行得通，实际上也是治标不治本，生活不是换个地方、换个人群，就没有压力、没有竞争和烦恼了，学不会解决问题的方法，下次遇到同样的情况，你还要用跳槽来解决吗？

美国学者艾伦·贝克在 1985 年曾经提出，感觉与思维之间有着密切的关系："当我们情绪低落时，我们的思维和回忆总是向坏的方向发展，结果导致情绪更加阴暗。思想变坏之后，情绪又跟着变坏，从而进入一个越来越抑郁的下降螺旋。"

情绪是思维的催化剂，思维能力可以通过情绪的调节而显示出更高的效应，人也会因此显得更聪明、更能干。积极的情绪可使人精神振奋、想象丰富、思维敏捷、富有信心。消极的情绪则使人感到枯燥无味、想象贫乏、思维迟钝、心灰意懒。有时，我们总习惯把个人的成功归结于智商和机遇，事实上，情商在决定事业成就方面比智商更为重要，而情商的核心恰恰就是情绪控制。

克林顿执政期间，鲍威尔还不是国务卿。在对叙利亚是否动武的问题上，克林顿挑战性地问道："作为世界唯一的超级大国，或者说是一个男人，在什么样的情况下才应该一忍再忍呢？"一时间，没有人说话。沉默了片刻后，鲍威尔站起来说："在妻子骂我们的时候，我们忍无可忍也得忍。"谁也没想到，一向以严肃著称的鲍威尔会给出如此幽默的回答，惹得大家都笑了。或许是鲍威尔的这句话起到了一定的作用，美国最终没有对叙利亚动武。

后来，有人问鲍威尔，他的成功秘诀是什么？鲍威尔想了想，说："我的成功秘诀是：急事慢慢地说，大事想清楚再说，小事幽默地说，没把握的事小心地说，做不到的事不乱说，伤害人的事坚决不说，没有发生的事不要胡说，别人的事谨慎地说，自己的事怎么想就怎么说，现在的事做了再说，未来的事来了再说。"

并非所有的成功都来自于智慧，更重要的是，能够在适当的时候控制自己的情绪，不让坏情绪、负面因素去影响自我潜能的发挥。在职场混迹了十五年的 K 君，对此深有感触。

初入职场时，K 不过是个小职员。没见过世面，经验不足，做事经常犯错，上司不断质疑他的能力。独身漂泊在繁华的城市，没有亲人可以依靠，唯独有几个朋友，也和自己一样，都是没有背景、初出茅庐的同龄人，谁也帮不了谁，那种压力可想而知。

为了生活下去，为了证明自己，K 只能迎难而上。他说："当时，我只想着怎么样让上司欣赏我。我试着多跟上司沟通，尤其是遇到一件事没有把握的时候，我就想听听他的看法，并且按照他的方式去做。然后慢慢地总结经验，在此基础上对做事的方法进行'改良'，非常有成效。做这些事有个前提，那就是别太碍于面子，不好意思开口。沟通，是一剂良方。"

工作头几年，人际关系上的困扰让 K 君很头痛。读书时，大家都跟朋友一样，不喜欢的人大不了不去接触。工作之后，他发现这一套不灵了。同事之间会牵扯到合作、沟通、利益各方面，逃不掉的。如何改善关系，如何少给自己制造压力，就成了一个关键性的问题。

K 君回忆起那段经历，提及自己的处理办法时，说："我觉得，对同事不能期望太高，他们没有'对你好'的义务；同事之间不要过分亲密，毕竟会牵扯到利益和竞争，如果对方了解你太深，有可能也会对你不利；另外就是要宽容点，别太斤斤计较，不能要求别人都和自己一样，有同样的性格和处事方式。最后，留一颗友善心，不要嫉妒那些超越自己的人。"

现在，K 君已是一家公司的高管，提及管理的问题，他更是颇有心得："管理者得树立自己的形象，有严肃、坚持原则的一面，也不能失去亲和力；不要总是摆架子，要虚心听下属的意见，若是做错了，也要主动承认。以身作则，以能力说话，才能让下属心服口服。如此，与你对立的很多情绪和行为，就必然会减少。你的压力，自然也会少很多。"

谁的成功也不是一蹴而就的，谁的职场路也不是一帆风顺的。压力、烦恼，总会不时地袭来，有人放纵坏情绪的吞噬，有人却想办法摆脱它的困扰。前者只会浪费精力和生命，后者却可以从中挤出一条路，让自己柳暗花明。

在一次公司培训结束后，一位女职员发邮件给我，述说了她在工作中的各种烦恼，如工作压力大、薪资待遇偏低、缺乏培训进修机会，等等。还好，她认为这些都可以忍受，但近期发生的一件事，却给她重重一击：与她同时进公司、学历相当的一位同事，晋升为主管，成了她的顶头上司。

说来也巧，她口中所说的那位上司，正是那次培训的主要负责人。在此之前，我一直与她沟通培训的事宜。对工作极度不满的女职员，在信中细数自己各方面的优势，大致是觉得自己的能力与新上司相当，对公司的人事安排心存不满。

在给这位女职员的回信中，我如是说道："工作不只是看能力，更重要的是态度。也许你在岗位技能方面与上司相差无几，但你有没有仔细去审视她对工作的态度？在同样的环境、同样的待遇之下，如果她比你更喜欢这份工作，那么她的晋升就变得合情合理了。"

其实，这番话也是我给所有"不喜欢自己的工作"的员工的一条忠告。当你认为自己的工作辛苦、烦闷、无趣的时候，就算你有才华、有技能，也无法做好这份工作，发挥出最大的潜能。世上任何一种工作都有它存在的价值，也有它不尽如人意的地方，重要的是我们能否保持良好的心态，去发现工作中的快乐与精彩。

励志大师安东尼·罗宾曾到巴黎参加一次研讨会，会议的地点不在他下榻的饭店。他看了半天地图，却仍然不知如何前往会场，最后只得求助于大厅里当班的服务人员。

那位服务人员穿着燕尾服，头戴高帽，大约五六十岁，脸色有着法国人少见的灿烂笑容。他仪态优雅地翻开地图，仔细地写下路径指示，并带着罗宾先生走到门口，对着马路仔细讲解去往会场的方向。罗宾先生被他热情的服务态度打动了，一改往日认为"法式服务"比较冷漠的看法。

在致谢道别之际，服务生微笑有礼地回应道："不客气，希望您顺利地找到会场。"紧接着，他又补充道，"我相信您一定会满意那家饭店的服务，那儿的服务员是我的徒弟。"

安东尼·罗宾突然笑了起来，说："太棒了！没想到您还有徒弟！"

服务生脸上的笑容更灿烂了，说："是啊，我在这个岗位上已经25年了，培养出了无数的徒弟。我敢保证，我的徒弟每一个都是优秀的服务员。"他的言辞间透着一股自豪。

"25年？天哪，您一直站在饭店的大厅呀？"安东尼·罗宾不禁停下脚步，他很好奇，这位老人如何能对一份平凡的工作乐此不疲？

"我总觉得，能在别人生命中发挥正面的影响力，是一件很过瘾的事情。你想想，每天有多少外地游客到巴黎观光？如果我的服务能够让他们消除'人生地不熟'的胆怯，让大家感觉就像在家里一样轻松自在，拥有一个愉快的假期，不是很令人开心吗？这让我感觉自己成了游客们假期中的一部分，好像自己也跟着大家度假了一样愉快。我的工作很重要，不少外国的游客都是因为我的出现，而对巴黎产生了好感。我私下里认为，自己真正的职业，其实是——巴黎市地下公关局长！"说完，服务生眨了眨眼，爽朗地笑了。

安东尼·罗宾对服务生的回答深感震撼，尽管言辞朴实，却能给人一种不同寻常的力量，这种力量就是许多人能够脱离平庸，实现从普通到优秀的秘密所在。这也足以证明,世间没有平凡的工作,只有平庸的态度。唯有喜欢自己的工作,才能发现它的价值,以及其中蕴含的机遇。

美国西雅图有一个特殊的鱼市场,说它特殊是因为这里批发处理鱼货的方式不同寻常。这里的鱼贩们面带笑容,像合作默契的棒球队员一样做着接鱼游戏,那些冰冻的鱼就像是棒球,在空中飞来飞去,大家互相调侃唱和。

有游客问他们:"在这样恶劣的环境下工作,你们为什么还能这样开心?"

鱼贩说:"原来,这个鱼市场死气沉沉的,大家整天抱怨。后来,我们想开了,与其这么抱怨,不如改变一下工作的品质。于是,我们就把卖鱼当成了一种艺术。再后来,越来越多的创意迸发,市场里的笑声多了起来,大家都练出了好身手,简直可以跟马戏团的演员一比高下了。"

快乐的气场是会传染的,附近的上班族们经常到这里来,感受鱼贩们乐于工作的心情。有些主管为了提升员工的士气,还特意跑来询问:"整天在充满鱼腥味的地方干活,怎么能如此快乐?"鱼贩们已经习惯了给不顺心的人解难:"不是生活亏待了我们,是我们期望太高,忽略了生活本身。"

偶尔,鱼贩们还会邀请顾客一起玩接鱼游戏。哪怕是怕腥味的人,在热情的掌声的鼓励下,也会大胆尝试,玩得不亦乐乎。毫不夸张地说,每个眉头紧锁的人来到了这里,都会笑逐颜开地离开。

说到这里,我想你也应当意识到了,工作不可能十全十美,只有用感恩的眼光去看待工作,在淡泊中去创造精彩,才能保持始终如一的热情,发现工作的魅力。

第三章
‖
"初心"之专注——全心专注于你 所期望的，必如所期

一生做好一件事

露西·里尔，生于维也纳，活跃于伦敦，一生都只专注一件事，那就是陶艺。

从 20 岁开始，露西·里尔就在维也纳工艺学校学习陶艺，23 岁在维也纳成立自己的陶艺工作室，一步步成为顶级陶艺家。直到 88 岁第一次中风，她才不得不停止工作。她用一生的时间去做陶艺，创作生涯长达六十年。

从一个美丽的女孩，到满头华发的老人，照片里呈现出的是岁月的印记，但露西·里尔专注和清澈的眼神，却始终未变。她的专注和坚持，甚至已经浸润到了生活中，就连跟朋友聚会，一次只约见一人。她说，这样才能专注于跟别人谈话。

露西·里尔的作品，看似平静如水，但都散发着异常澎湃的感染力。她的理念是："所有的一切都无须被附加太多，那些陶碗如此，生活也如此。"俨然，她有的不仅是匠人的手艺，还有一颗心无旁骛的匠心。

《聊斋志异》的蒲松龄有一句话："痴于艺者技必精，痴于书者书必工。"意思是，对技艺专心致志，技术就精通；对书法专心致志，书法必然漂亮。任何一个渴望有所成的人，都必须要学会专心，多方下注只会浪费精力，到头来一无所获。

现代职场人最需要学习的，就是工匠身上的"专注"精神。

什么是专注？说起这个词，很多人都觉得老生常谈，但实际真正理解的却不多。专注是一种境界，是必须能把自己的时间、精力和智慧凝聚到所要干的事情上，从而最大限度地发挥积极性、主动性和创造性，去实现个人的目标。受到挫折、诱惑的时候，能够不为所动，勇往直前。眼前，我们所看到的职场现象是什么样的呢？心浮气躁、朝三暮四、虎头蛇尾、半途而废……这就是理想和现实的差距。

很多人问过王永庆，他为什么会成功？

王永庆说："其实成功最基本的就是要全心投入、专心专注，唯有如此才能体会到工作的乐趣，才能克服浮躁，忘记艰辛和烦恼，这时工作带给你的不仅是业绩和回报，还有智慧的灵感和潜力的迸发。人生多由挫折和困顿构成，而工作蕴含着一种改变的力量，它能帮助你战胜挫折，克服困难，给人生带来喜悦和希望。"

很多人问扎克伯格："你为什么每天总穿着同一件 T 恤？"

扎克伯格说："我有许多长得一样的灰色短袖 T 恤。我想让生活尽量简单一点，不用为做太多决定而费神。这样才能把精力集中在更好地为社会服务这些重要的事情上。我真的很幸运，每天醒来都能为全球逾 10 亿用户服务。如果我把精力花在一些愚蠢、轻率的事情上，我会觉得我没有做好我的工作。"

从这些当代成功巨匠的身上，我们感受到的就是专注的力量。人的欲望和涉及面多了，心思和精力就会分散，内心的志向就会被遗忘或衰退，而志向和目标不明确就使自己变得糊涂，自然很难成就事业。想起学木匠的那些师傅，最初都是学拉大锯，一拉就是两三年。看似没什么技术含量的事情，为什么要花费那么久来做？其中一个重要的原因，就是让心平静下来，去掉急功近利的浮躁之心。

专注，其实有两层含义。

从广义上说，是专注于一个领域、一个行业、一门技术。毕竟人的精力毕竟是有限的，穷尽全力往往也很难掘得真金。在有限的生命里，能够专注于一个专业，朝着一个目标做精、做深，比那些多才多艺的人更容易做出成绩。

从狭义上说，是专注一件事，认真不分心。

对职场人来说，前者更倾向于对人生和职业的规划，而后者更倾向于做事的方法。

在此，我着重谈谈后者。卡耐基在对100多位在其行业获得杰出成就的成功人士进行分析之后，发现了一个事实：成功人士都具有专注于一件事情的优点，最起码在一段时期里要专注于一件事情。

这给我们什么启示呢？

第一，不要把精力同时集中在几件事情上，一次只做一件事情，一个时期只设定一个重点。思考最大的敌人就是混乱，把心力分散在太多事情上，会降低效率。把一件事情出色地完成后，再去按照轻重缓急的顺次解决下一件事。如此，便不会因为事务繁杂，理不清头绪，顾此失彼。

第二，在同一时间专注地做一件事。现在的社交软件种类繁多，很多人坐在工位上的第一件事，不是查看工作计划，而是打开社交软件和网站，例如QQ、微信、微博、论坛等，或是一边工作一边聊天，晃晃荡荡一天就过去了，工作效率很低，甚至完全游离在工作状态之外。要解决这个问题，就必须排除所有的干扰因素，抵制任何分散注意力的东西，在规定的时间内完成你的任务。待完成了手上的工作后，再花十分钟来休息，此时不妨换换思路，看看网页消息、处理邮件等。

法国哲学家福柯在写给儿子的信中，有一句话很打动我，在此与大家共勉——"世界上最大的浪费，就是把宝贵的精力无谓地分散在许多事情上。人的时间、能力和资源都是有限的，不可能面面俱到。"很多时候，我们所谓的累，多半都不是身体上的累，而是心累。若能像匠人一样，专注、细致，所有的想法都围绕着一个点，不去思考与之无关的任何东西，那自然就能收获一份平心静气。

身边的一位朋友想创业，从十年前开始到现在，他尝试了有四五个行业，却都赔了。春节前的朋友聚会上，听他感叹道："这个社会想自己做点儿事情太难了，没大量资金，也没有好的机遇。"说这话时，一脸的沮丧。

我想，不只是独自创业，求职就业也有类似的情况。很多年轻人参加工作后，总是跳来跳去的，从业的领域跨度非常大，有的是怀有什么赚钱做什么的心理，有的是受了点挫折委屈就想逃避，总觉着换个地方一切都不同了。

这些问题，就跟那个挖井的漫画里诠释的一样：凿了几米不见水，就换个地方凿，眼看水就要出来了，又放弃了。折腾了N多次，筋疲力尽了，也没见到清冽的井水，就得出结论说，这片地不可能挖出水。其实呢，与其花费那么多时间和精力去开凿浅井，不如用同样的时间和精力，专注地凿一口深井。

一生做好一件事，这样的标准听起来似乎并不高，可要真正干好一件有意义、有价值的事，并不是那么简单的。

艺术界的前辈，六小龄童先生，他可谓是将一生都奉献给了《西游记》。提起他塑造的那个深入人心的"美猴王"形象，他说了一番非常感人的话："一生做好一件事，而把一件事做好的前提，则在于坚持，硬向西去一步死，绝不东归半步升。"

日本有一家叫哈德洛克的公司，他们生产的螺母号称永远不会松动。就日常生活来说，螺母松动是再平常不过的事，但若碰上了一些重要的项目，或是用在特殊之处，螺母松动很可能会酿成大祸。

哈德洛克的创始人若林克彦，当年还是一个小职员的时候，曾经在大阪的国际工业产品展会上，看到了一种防回旋的螺母。他特意带了一些样品回去研究，发现这种螺母是利用不锈钢钢丝做卡子来防止松动的，结构复杂，且价格高昂，还不能保证完全不会松动。

一件事，
一辈子，
专注到极致就是伟大

能不能研究出一种永远不会松动的螺母呢？这个问题让若林克彦寝食难安。突然间，他想到了在螺母中增加榫头的办法。想到了就行动，经过实验，他果然如愿以偿。不过，这种螺母结构复杂、成本高，客户对销售价格难以承受。若林克彦是个较真的人，在公司没有销售额的情况下，他自己去做兼职赚钱维持公司的运转。

其实，就在他苦苦坚持的时候，日本有多家铁路公司也在寻觅不松动的螺母。毕竟，铁路安全比什么都重要，价格都是其次的。就这样，若林克彦设计的螺母，得到了一家铁路公司的认可，并与之展开合作。由于产品质量非凡，随后有更多家铁路公司都开始找哈得洛克公司合作，他们的产品全面用于日本的新干线。

寥寥数笔就把若林克彦从创业到成功的过程写出来了，可在现实中，他从无人问津到广为人知，花了整整二十年的时间！他身上传递出来的，不仅仅是一个工匠技术的问题，更重要的是一种精雕细琢、锲而不舍的精神！

还有木村阿公，那个发明了奇迹苹果的老人。他的苹果不施农药，不用肥料，却比任何高级品种的苹果都甜；一个切成两半的苹果，放两年都不会腐烂，它只会慢慢缩小，最后变成淡红色的小干果。在此之前，也有人尝试过无农药、无肥料的栽培，但都尝试了四五年后就放弃了，而木村阿公却苦撑了11年。在这期间，他根本没想过收入的事，完全就沉浸在各种实验中。后来，木村的故事被写成了一本书，名字就叫——《这一生，至少当一次傻瓜》。

回到现实中，有不少年轻人问我，在这个处处充满竞争的时代，到底该学点什么才更容易有立足之地？考律师，学会计，还是读 MBA ？

对此，我给出的答案是：读书的时候选一个好专业，踏踏实实地学点东西，打好基础，不要着急去做什么事。毕业后给自己几年的选择期，尝试着做几份不同的工作，找到适合自己的一个方向，沉下心来持之以恒地做下去。

有些人按照我的说法去做了，可太侧重于"尝试"，三天两头的跳槽，忘了思考和选择。回头来跟我说："老师，我到现在还没有找到适合自己的工作呢！您说的办法真的可行吗？"

对于这种怀疑，我要说明的是：尽管年轻是资本，可以有诸多尝试的机会，但这个选择的过程不要太长，最好不要超过 28 岁。唯有让自己练就"一技之长"，才能找到满意的工作，拥有别人无可替代的竞争优势。

无论是企业还是个人，要想成为强者，必须集中所有的时间、精力和技术做好一件事。尤其在最初的阶段，不要以赚钱为目的，也不要以出名为目标，而是要以成为某个领域中最顶尖的人作为标准。如果总是什么都想做，那往往什么也做不好。如果总是渴望拥有一切，那往往会一事无成。男高音歌唱家帕瓦罗蒂的父亲曾告诉他："如果你想同时坐在两把椅子上，你可能会从椅子中间掉下去，生活要求你只能选一把椅子去坐。"身处这个琳琅满目、四处都是"椅子"的世界，一定要认真思量，精心挑选，选最适合自己的那把"椅子"。

一旦为一件事疯狂，那么总有一天，你能从中找到自己想要的答案。

敬业是一种人生态度

2015 年 9 月 3 日，中国抗日战争胜利 70 年大阅兵在北京举行，让世界透过一件件"国之重器"看到了中国的力量。当所有人的目光被这些军事武器吸引着的时候，很少有人想到或知道，那些站在武器装备背后的人——大国工匠。

看过一篇关于中国航天科工首席技师毛腊生的报道，他的工作主要是铸造导弹的舱体。这项很了不起的事业，落实到具体的实践中，其实有着常人难以忍受的枯燥。很多人大概都不会想到，毛腊生在整整39年的时间里，做得最多的事情不是研究制图和结构，而是每天跟沙子打交道！

在周围人眼里，毛蜡生是一个看起来有些"无趣"的人，他几乎没有什么爱好，有时连表达都成问题。当别人沉浸在喧闹、刺激的娱乐活动中时，他将所有的心思都放在枯燥的翻沙工作中。恰恰是这份"无趣"，让他积累了厚重的潜力，将所有的心思、时间和精力，倾注到自己的工作中，沉稳专注、精益求精。

在他身上，"无趣"并不是"木讷"的代言，而是对专注和敬业淋漓极致地诠释。若不是真的热爱，心怀责任与敬畏，如何能在漫长的39年里无怨无悔、甘于寂寞呢？他的内心始终保持着一份安静和淡然，有自己的主见，不为外物所动。

敬业，与一个人从事什么职业，并没有多大关系。著名管理咨询家蒙迪·斯泰在给《洛杉矶时报》撰写的专栏里写道："每个人都被赋予了工作的权力，一个人对待工作的态度决定了这个人对待生命的态度，工作是人的天职，是人类共同拥有和崇尚的一种精神。当我们把工作当成一项使命时，就能从中学到更多的知识，积累更多的经验，就能从全身心投入工作的过程中找到快乐，实现人生的价值。这种工作态度或许不会有立竿见影的效果，但可以肯定的是，当'应付工作'成为一种习惯时，其结果可想而知。工作上的日渐平庸虽然从表面看起来只是损失了一些金钱和时间，但是对你的人生将留下无法挽回的遗憾。"

的确，在社会分工的任何一个岗位上，没有不重要的工作，唯有不重视工作的人。工作的高低之分，不在于工作本身，而在于做事的人是否敬业。只要发自内心地尊敬自己的工作，认认真真、踏踏实实地做好每件事，努力实现自我的社会价值，就是具备了敬业精神。

我接触过一位企业家朋友，他曾经在员工品德和精神大会上，说过这样一番话："当你看到一个人为工作忙碌而感到高兴，为自己闲下来而痛苦时，毫无疑问，他一定是个敬业的人。"

这番话说得很中肯。放眼望去，有哪个优秀的员工是无所事事的？有哪个优秀的员工需要人指使才去做事的？他们通常都很积极主动，一刻都不愿让自己闲下来，在对作品的精雕细琢中找寻乐趣，将工作视为提升自我价值的机会。

"他总是一边喝酒一边工作，直到深夜，累了倒地就睡，也不管满地都是金属零件。"这是一位跟川田信彦相处多年的同学，对他最深刻的印象。无比热爱机械的川田信彦，毕业后进入本田公司工作。他沿袭了读书时的自强精神，并很快打动了上司。

1963年，川田成为本田公司研究开发部的领导人；1990年，他被提升为首席执行官。经过几年的奋斗，他将本田发展成了继丰田和日产后的日本第三大汽车制造商，在国外市场上的利润得到了大幅度的提高。同时，他还改革了公司的经营风格，除了跟高层们沟通，还通过演讲、酒会等方式，拉近与不同阶层职员的距离，了解真实的情况，并给他们带去鼓舞和激励。他说："我告诉大家要考虑效率、速度和成效，这样才不为旧观念所束缚。"

川田还很重视市场反应，经常针对变幻莫测的市场想一些新点子。当他意识到年轻人喜欢"自由"时，就开始推出新款车，结果销量大增。可以说，在管理领域，他真的是一位堪称工匠的企业家，一直保持着敬业的精神，并追求完美的个性。

没有基本的敬业精神，就难以成为一个优秀的人。说到底，敬业是一种人生态度，无须任何人强迫，发自内心地想去做好一件事，渴望在工作中安身立命，在完美中获得心安，对得起自己，对得起社会。任何领域的匠人，都有着强烈的自尊心，把工作的好坏与人格荣辱联系起来，这种使命感促使着他们对工作严肃认真，固执地追求手艺的熟练。

这一刻，扪心自问：你有没有把生命的信仰和工作联系在一起？你能否尽职尽责努力完成每项任务，不讲任何条件？你是否能在遇到挫折、期望落空的时候，继续保持向上的动力，忘记辛苦和得失，一心一意把工作做好？如果不能，那么你最该做的不是换工作，而是换一种工作态度了。

20世纪伟大的家具设计师之一汉斯·韦格纳，就是一位值得敬仰的工匠。他一生中设计的椅子超过500件，被誉为"当代坐具艺术大师"，也被称为"椅子大师"。

这个出生在安徒生故乡的工匠，一生都在践行自己说过的话："去做人们认为不可能的事是一种挑战。The chair不存在，一条好的椅子是人永远无法完全达到的。一条椅子没有正面背面，所有的侧面和角度都是漂亮的。"

韦格纳所有的热情都来自于木头，他与木头之间建立了一种类似亲人般的关系。

从记事时起，他对木头就非同寻常地痴迷，他不像其他孩子一样喜欢奔跑嬉戏，而是更热衷于把村里废旧的老木头房子拆掉，用那些老橡木的碎料制作和雕刻船只模型。他的父亲是一位鞋匠，这样的成长环境和经历也让他早早认识到了工具的重要性，以及注重细节的手工艺技能。他曾经说过，自己的父亲闭着眼睛都能熟练地使用工具。

13岁时，他做了一个细木工匠的徒弟，从师两年后成了一名技术纯熟的细木工匠，15岁那年开始设计自己的第一把椅子。他说："当我是一个学徒的时候，我带着浓厚的兴趣去工作，甚至在停工后就会感到失落，几乎不能等到明天的到来。当我完成一件作品，把它装上车拖到顾客那里时，那种感觉简直太棒了。"

后来，韦格纳开始不满足于仅仅做一个细木工匠，不断高涨的设计热情，像是一股助推力，让他对更加广阔的世界蠢蠢欲动。随后他去了哥本哈根，在那里的工艺学校学习，毕业后受邀为奥尔胡斯城市大厅设计室内陈设品与装饰物。几年后，他开设了自己的设计工作室。

韦格纳的设计，几乎没有生硬的棱角，转角处都会处理成圆滑的曲线，给人一种亲近感。1947 年，他设计的"孔雀椅"被放置在联合国大厦。他一生创作了超过 500 件的椅类作品，是最优秀的家具设计师中最高产的一位。人们说起他的作品，往往会用"永恒"、"不朽"的字眼来形容，而他一生也都在专注于创作。

在嘈杂浮躁的环境里，能有多少人像韦格纳一样，认准了一件事，便全身心地投入其中，数十年如一日默默地耕耘着，只为内心的热爱而专注，只为做好一件事而努力。做木椅的工匠很多，但像韦格纳一样的匠心大师却是难得。

任何的成功都不是偶然的，任何行业、任何市场都是博大精深的，需要用一辈子的经历去钻研和奋斗。我们所看到的大师级的人物，都只是他所在的那个领域内的大师。把精力集中在一件事上，事事通不如一事精。选定了一个领域，努力做下去，十年、二十年，就算无法成为大师级别的人物，至少不会碌碌无为。人生的成功，不总是成就辉煌伟业，能够专注于一件事，真正把这件事做好，就很不容易了。

专注始于热爱

前不久，跟一位颇有名气的女编剧聊天，她说这两年身边不少做文字工作的人都转行做编剧了，原因是觉得这个行业比较赚钱。可问及那些转行的人在编剧方面做得如何，有没有突出的成就时，听到的却是不怎么乐观的答案。

她跟我讲，有一个做广告文案的男生朋友，入行三年，文案写得还是不入心，对市场趋势、客户心理的把握，都欠点火候。有时，做领导的也难免会说他两句。这男生心气很高，自诩不凡，听不进去批评，就常常跟她抱怨，说做文案薪水太低，自己根本不屑这份工作。

说得多了，他的心就更浮躁了。终于，在一次挨批后，他果断辞职，转行做编剧。刚踏上这条路，处处碰壁，一来没什么经验，二来创意和文笔都不够出彩，很长一段时间都没能找到合作单位。后来，男生觉得自己应该去进修一下，就开始去北影上课，光靠手里的那点儿积蓄，不足以支撑他把所有的时间都用来学习。无奈之下，他只得重新拾起老本行，又找了一家公司做文案，业余时间去上课。如今，又两年的时间过去了，他还是没什么像样的作品出来。

其实，这位女编剧也是做文案出身的，但因为本身喜欢写作，业余时间就一直撰写小说。做这件事时，她没有任何的功利心，完全就是出于热爱，觉得写故事是一件挺幸福的事，能让自己的心静下来。不急不躁，不慌不忙，少了对利益的追逐，她完全沉浸在文字的世界里。这也使得她的小说读起来很吸引人，情节构思巧妙，文笔平实入心。

她的第一部小说写了整整两年的时间，反复修改。后来，有朋友建议她，把写的东西发到网上，跟网友们分享一下。她尝试着发连载，没想到竟真有不少读者追捧，关注的人多了，就引起了一些出版商的注意。她顺利地跟出版界一家公司签了约，后又签了影视版权。

外人总觉着，她看起来似乎没怎么费力，就凭空多了一个人气编剧的头衔。可作为了解她的朋友，我是知道的，这世上没有毫无道理的横空出世。如今，她已经撰写了四五部经典的剧作，在业界颇有名气。

回想起来，觉得这件事情挺有意思的。一心想赚钱、投身编剧行业的男生，挤破了脑袋也没能如愿，而无心插柳、专注于创作的女文案，最终却戴上了知名编剧的皇冠。这说明什么呢？很多时候，野心无法成就我们的，热爱却可以。

专注的动力，第一就是热爱，热爱所做的事本身，胜过这些事带来的名利财富。心理学家研究证实，一个人工作的绩效与两个关键词有关，一个是"心流"，另一个是"专念"。顾名思义，"心流"即爱，因为只有热爱才是你最好的老师，才是真正激发内心强大动力的源泉；"专念"就是专一，专注的力量。

台湾女艺人张艾嘉，年轻的时候任性不羁，过得轰轰烈烈，在人生的舞台上熠熠生辉、游刃有余。她从来不掩饰自己的满足，而是落落大方地承认："我很幸福，而幸福的秘诀是，不贪婪，永远做自己喜欢做的事，爱自己所做的事情。"

青春年少的时候，很少有人说张艾嘉是美女，而她上镜的机会也很少。最窘迫的时候，每天只有几块钱可支配。可在那段日子里，她没有消沉，而是趁机了解自己，思考自己真正喜欢的东西是什么？而后她觉醒了，发现自己不止喜欢表演，更喜欢幕后的东西。她总是说，做自己喜欢的事，再大的辛苦都值得。

以前我总好奇，那些跑完马拉松全程的选手，要有多大的毅力、多强的体力，才能支撑到最后？可后来，听到一位选手说的话，才彻底懂得，他们不是在咬着牙硬撑，而是内心对这项运动的喜爱给了他们驱动力，所有的坚持都源自这份热爱。那种感觉，就像是"把自己的全部热情赌在工作上，即使疲乏从指尖传到身体，精神也不会累"。

再说叶嘉莹教授，她把七十年的岁月都献给了三尺讲台，即便到了耄耋之年，还能站在南开大学的讲台上，整整两个小时不喝一口水，有声有色地给学子们讲述诗词国粹。支撑她的是什么？当然是对国学、对讲授的热爱。

是的，只有热爱自己所做的事，才能找到乐趣；只有热爱自己所做的事，才能全力以赴；只有热爱自己所做的事，才能不觉疲惫。黎巴嫩诗人纪伯伦曾经写过一首《先知》，用它来诠释"热爱"的真谛，再合适不过——

生活的确是黑暗的，除非有了渴望；所有渴望都是盲目的，除非有了知识；一切知识都是徒然的，除非有了工作；一切工作都是空虚的，除非有了爱。当你带着爱工作时，你们就与自己、与他人、与上帝合为一体。

什么是带着爱工作？

是用你心中的丝线织成布衣，仿佛你的至爱将穿上这衣服；是带着热情建筑房屋，仿佛你的至爱将居住其中；是带着深情播种，带着喜悦收获，仿佛你的至爱将品尝果实；是将你灵魂的气息注入你所有的制品，是意识到所有受福的逝者都在身边注视着你。

心理学研究表明，金钱在达到某种程度以后，就不再具备诱惑力了。我有一位专门做木雕的朋友，如今生意很红火，但在生意惨淡的时候，他也没想过放弃。他说："我做木雕不只是为了赚钱，比这行更赚钱的工作有很多，但我喜欢这件事，做一辈子也不腻。"

还有什么比这样的回答更明确？工作固然是为了生计，但比生计更可贵的是在做事的过程中充分发挥自己的价值，挖掘自身的潜能，让生命变得更丰富、更有价值。这也是马斯洛层次理论里所讲的，人生的追求不只是满足生存的需要，还应当有更高层次的需求，用在工作这件事上，无疑就是：你当有比薪水更高的目标。

放眼望去，各个领域中的精英人士，无疑都是有高追求的人。倘若你问他们，在没有优厚薪资的回报下，是否还愿意从事现在的工作？大部分人的回答都是："绝对愿意！不会有丝毫改变，因为我热爱自己的工作。"

比如比尔·盖茨，他的财产净值大约是466亿美元。如果他的家庭每年用掉一亿美元，也要466年才能用完这些钱——这还没有计算这笔巨款带来的巨大利息，可他依然坚持每天工作。还有名导斯蒂芬·斯皮尔伯格，他的财产净值估计为10亿美元，虽不像比尔·盖茨那么多，但也足以让他在余生享受优裕的生活了，可他还在不停地拍电影。

试问：他们都只是为了钱么？他们已足够富有，支撑起奢侈的生活，他们为什么还要如此努力？对此，萨默·莱德斯通是这样说的："实际上，钱从来不是我的动力。我的动力是对于我所做的事的热爱，我喜欢娱乐业，喜欢我的公司。我有一种愿望，要实现生活中最高的价值，尽可能地实现。"

看到了吗？是自我实现的欲望，给了他们持久强大的热情，让他们最大限度地发挥了自己的潜能。这种热情不同于被薪水驱动带来的瞬间激情，它是一种能够穿越万难，可以在外界喧闹嘈杂的时候，气定神闲、心无旁骛做事的超凡境界。

对多数人来说，或许尚未达到这样的境界，没关系，但我们应朝着这个方向努力。努力的第一步，就是重新认识工作的价值，不要再说"拿多少钱做多少事"、"只要对得起薪水就行"、"又不是给自己干"的话。切记，金钱只是多种报酬中的一种，秉持一颗热爱工作的心，积极地去挖掘自身的潜能，你会收获比预期更多的东西，包括金钱。

那么，当身心俱疲、激情不再的时候，如何才能重新唤出对工作的热爱呢？

1. 找寻自己在工作中的价值

邮差弗雷德的故事，想必很多人都听过。他之所以能够几十年如一日不停地投递邮件，就是因为有太多客户对他的服务认可，他们的信任成了弗雷德工作的动力。日本的那位南极料理人，看到考察队员吃了自己制作的美食，焕发出对生活、对工作的热情，这无疑是给他最大的鼓励。对我们来说，找寻到工作的意义和价值，才能保持持久的激情。

2. 分阶段地给自己确定目标

工作的成就感和动力，源自出色的业绩和精湛的技能。你做得好了，才会赢得他人的肯定与尊重。这就要求，我们要不断发掘工作的魅力，不断地征服它，将自己带入更新的境界。这个过程所带来的乐趣和满足感，是其他东西无法给予的。

3. 尽量保持一份平和的心境

这个多变的时代，诱惑无处不在，要成为一个优秀的工匠，保持平常心非常重要。工作中总会有一些不如意，所以要尽量创造条件，让自己快乐，从而保持高昂的工作热情。同时，还要学会适当地割舍，不能什么都想要。心境平和了，才更容易做得专注、长久。

抓住关键，找准重点

你有没有过这样的经历：每天从早上开始，就马不停蹄地忙，有时连喝水的空当都没有。再看身边的同事，做着和自己一样的工作，看起来却井井有条、安静从容。更让你心里不平衡的是，到了月底计算工作量的时候，对方竟然比你还要高，拿的奖金也比你多。那一刻，你忽然觉得，自己所有的忙碌竟是那么的"廉价"。

为什么总是事倍功半、忙而无功呢？

我想，这里面有一个非常重要的问题，且只能由你来回答：做事的时候，你是否抓住了问题的关键点呢？人力资源培训专家吴甘霖博士说过："要解决问题，首先要对问题进行正确界定。弄清了问题到底是什么，就等于找准了应该瞄准的靶子。否则，要么是劳而无功，要么是南辕北辙。"

现实的工作中，有大量的问题等着我们去处理。如果，你总是想着快点解决问题，而不去思考问题的关键点，那你会走很多弯路，且有可能是白费力气。

20世纪20年代，阿迪·达斯勒在德国的一个小镇上，在他母亲工作的20平方米的洗衣房内，手工制作成了他的第一双运动鞋。时隔七年后，他怀着生产1000双完美运动鞋的目标，将工厂迁往达斯勒大厦。当时，他的事业刚刚起步，为了在短期时间内打开市场，他特意组建了一个研究班子，制作了几款样式新颖的鞋子投放市场。结果，订单源源不断涌来，工厂的生产线忙得不可开交。

为了解决这个问题，工厂开始对外招聘生产鞋子的技工，可即便如此，还是完不成大量的订单。这该怎么办呢？如果不能按时交货，工厂就要承担一大笔的违约金。为此，达斯勒召开全体大会，主管们提出各种方案，都未能切实地解决问题。这时，一个叫杰克的年轻工人举手，要求说出他的看法。

"我觉得，关键的问题不是找更多的技工，就算不用这些技工一样可以解决问题。"

"为什么？"

"关键的问题是提高生产量，增加技工只是其中的一种手段而已。"

多数人都觉得，他说的话不着边际，可达斯勒却很重视，鼓励他继续说下去。

杰克有点害羞了，怯生生地说："我们可以用机器来做鞋。"

现在看来，这样的做法是普及的，而在当时那个年代，这简直就是痴人说梦。在场的人都笑了，觉得杰克是异想天开，用什么机器来做鞋呢？

谁能制造出这样的机器？

杰克面红耳赤地坐下了，可他的话却触动了达斯勒。他说："这位工人指出了我们的一个思想盲区，我们一直认为只要招更多的技工就能解决问题，而他却让我们认识到，关键的问题是提高效率。虽然他不会制造机器，可他的想法很重要，凭借这一点，我要奖励他500马克。"

这可是不小的一笔奖励，相当于小工半年的薪水。但这笔奖励是值得的，达斯勒根据杰克的新思路，立刻召集专家组织生产做鞋子的机器。四个月后，机器生产出来的，为公司日后成为世界知名品牌奠定了基础。

达斯勒在其自传里讲到这件事时，特别强调说："这位员工永远值得我感谢。这段经历，使我明白了一个非常重要的道理：遇到难题，首先要找到问题的关键。若不是他给我指出面临的关键问题是提高效率，而不是找更多的工人，我的公司不可能有这样大的发展。"

就个人来说，道理也是一样。所有的高效能员工，不是只顾着低头拉车，而是时刻带着思想在工作，会抓住问题的关键，找准"靶子"，而不是无的放矢。当然了，单纯做到抓住问题关键点还远远不够，下面还有一些提高工作效率的办法，以供参考：

1. 制定合理的工作计划

工作有合理的目标和计划，做事才能有条理，时间才会变得充裕，进而保持一个清醒高效的状态。在制订计划的时候，可有一个长远的目标，但具体的周期可划分到月、周、日。每个工作日结束前半小时，审查当日的计划是否完成，并整理第二天的计划内容。尽量今日事今日毕，不往后拖延，影响整个工作计划。同时，工作计划不要制订到能力极限，80%就好，要考虑到额外情况的发生，不至于让这些事挤占正常的计划。

2. 营造高效率的工作环境

细心的朋友可能会发现，多数成功的人都崇尚简单的生活？这绝非在标榜俭朴，而是简单的环境和生活，能让人更专注。对我们来说，拥有一个简单的工作环境，学会"断舍离"，是提升效率的第一步。

首先，清理过期的资料。如果有些文献资料，你在过去的一年里都没有翻看过，那就不妨考虑将它清理掉，这样既节约时间，又腾出了空间。其次，扔掉旧的阅读材料，有些旧的报纸、杂志并不都是有用的，若是其中有些重要的文章，可以将其剪下来收藏。这样，又能进一步扩大办公空间，缩短阅读和清理周期。把不常用的东西移出视线，伸手可及的范围内保留最为常用的即可。

3. 有效管理自己的时间

很多员工在办公室里忙忙碌碌，办公桌上堆放着大量的文件，看似有忙不完的事情，实则却是在时间管理上出了问题。我们当学会主动地规划时间、管理时间，而不是被时间牵着鼻子走。当大量工作排在一起时，要安排好事情的先后顺序，合理分配时间，逐一完成。

最后还要提醒一句，高效率源自行动，计划再好、时间安排得再合理，也需要靠行动来实践。所有伟大的理想、美好的意境、宏伟的憧憬，都是某一瞬间产生的，要将它们变成现实，就要避免拖延，立刻执行。谁都能下决心做大事，能够自始至终去执行决定的人，才是最后的成功者。

不少年轻人提起工作满腹委屈，说自己真的很努力地在做事，却迟迟得不到想要的结果。就像我认识的一个男生，在单位里勤勤恳恳，什么事情都抢着干，是公认的"好人"。可是两年下来，升职没他的份儿，加薪也少得可怜。他心里挺不平衡的，说自己的态度没问题，做事也很认真、仔细，为什么得不到重用？

管理大师彼得·德鲁克在《有效的主管》里如是说："效率是以正确的方式做事，而效能则是做正确的事。效率和效能不应偏颇，但这并不意味着效率和效能具有同样的重要性。我们当然希望同时提高效率和效能，但在效率和效能无法兼得时，我们首先应着眼于效能，然后再设法提高效率。"

在这段话里，"效率"和"效能"，"正确地做事"和"做正确的事"，是两组并列的概念。在现实中，我们关注的重点通常是"效率——正确地做事"；可实际上，真正重要的却是"效能——做正确的事"。

正确地做事，无疑能让我们更快地朝着目标前进，但如果做的不是正确的事，那么所有的努力都变得毫无意义。"做正确的事"是战略统筹的问题，"正确地做事"是执行层面的问题。如果做的事情是对的，就算执行中有些偏差，结果也不会有大碍；倘若做的是错事，就算执行得很完美，结果也是南辕北辙。

所以，当那个男生跟我抱怨自己不受重视时，我给他讲了管理学中的一个故事：我们走进一片丛林，开始清除灌木丛。费尽千辛万苦，好不容易清除完了这片灌木丛，刚直起身来准备享受一下辛苦劳作后的乐趣，却突然发现，旁边还有一片丛林，那才是真正需要我们去清除的任务。他在工作中的表现，就如同砍伐灌木丛的工人，只知道认真、勤奋、努力，却没意识到自己真正需要努力的地方在哪儿？

我看过一项关于"人们习惯按照怎样的优先次序做事"的调研，其结果大致如下：

大量研究表明，在工作中，人们总是依据下列各种准则决定事情的优先次序：

1.先做喜欢做的事，再做不喜欢做的事。

2.先做熟悉的事，再做不熟悉的事。

3.先做容易做的事，再做难做的事。

4.先做只需花费少量时间即可做好的事，再做需要花费大量时间才能做好的事。

5.先处理资料齐全的事，再处理资料不齐全的事。

6.先做已排定时间的事，再做未经排定时间的事。

7.先做经过筹划的事，再做未经筹划的事。

8. 先做别人的事，再做自己的事。

9. 先做紧迫的事，再做不紧迫的事。

10. 先做有趣的事，再做枯燥的事。

11. 先做已发生的事，再做未发生的事。

12. 先做易于完成的事或易于告一段落的事，再做难以完成的事或难以告一段落的事。

13. 先做自己所尊敬的人或与自己有密切利害关系的人所拜托的事，再做自己所不尊敬的人或与自己没有密切利害关系的人所拜托的事。

其实，上述的这些准则，只是多数人的思维习惯，但均不符合高效工作方法的要求。那么，该如何才能成为一个有重点、有方向、做正确之事的职场匠人呢？在此，我给出几点建议作为参考：

第一，将个人做事的目的与公司发展目标结合起来，站在全局的高度思考问题，避免重复，减少错误的机会。现在，就自身的情况来梳理一些问题：你现在的专职工作是什么？你的目标是什么？有哪些因素会影响目标的实现？有哪些可用的工具和资源？应当做出哪些改变？

第二，确认自己在做"正确的事"。工作是一个处理和解决问题的过程，有时问题和解决办法就摆在眼前，但在行动之前，你必须确认自己正在解决的问题是否是正确的事？这就好比，领导交给你一项重要的任务，这是你本职，而同时又出现另一个问题，你就当做出取舍和抉择。一定要搞清楚，你要处理的是不是真正的问题，方向是不是错了？有时，忙碌起来，我们就会忘记做最重要的、最正确的事。

第三，掌握说"不"的技巧。匠人的世界之所以安静，是因为他们从来都懂得拒绝，任何干扰他们专注力的人和事，都被统统抛在工作之外。在工作的问题上，我们也要有这样的能力，不要让额外的要求扰乱自己的工作进度。当你犹豫要不要答应对方的要求时，要先问问自己：我想做什么？不想做什么？什么对我来说才是最重要的？如果答应了对方的要求，是否会影响进度，这样做的结果是否会影响到他人？就算答应了，能否真的达到对方的期望？想通了这些问题后，就不难做决定了。只是回答的时候，态度要坚定，语气要柔和。

第四，过滤那些不重要的信息。这是一个碎片化时代，我们每天都会被大量的信息搞得疲惫不堪，分散注意力，为做正确的事带来干扰。所以，想练就一颗匠心，必须要学会过滤次要信息，把精力集中在重要的问题上。过滤信息时，不是非看不可的东西，那就不要看，这样可过滤 50% 的干扰消息；如果消息有关近期内必须完成的工作，那就保留，若不是的话，即可跳过，这样又可过滤 25% 的消息。

养成只做正确的事，时刻专注于有效的工作，你的工作效能将会得到大幅的提升。换句话说，唯有时刻忙在点子上，你才会取得好的结果，成为辛勤劳动的受益者。

拥有一技之长

女孩 D 是英语专业的科班生，毕业后在一家外贸公司做职员。刚入职时，主要是负责一些邮件的回复，撰写中英文合同、数据统计、收发传真等事务性工作。虽然薪水不高，但工作相对还算轻松，她对此也颇为满意。

几个月后，D 处理工作已经游刃有余了。领导看她空闲时间多，就让她负责管理人事档案、仓库保管及其他行政事务。D 的心态很好，觉得这些都是锻炼自己的机会，就全都接受了。临近春天的时候，公司的前台辞职了，老板以当时不好招人为由，让 D 暂时去做前台。原本，做几天前台也没关系，可没想到这一干就三四个月。D 还发现，老板根本没有打算招新人，而她却要担任前台、行政、后勤、人事、库管等一系列的工作，而薪水却没涨。

带着不甘和不满，女孩 D 提出了辞职。她觉着，凭借自己"多角色"的工作经历，重新找一份好工作并不难。可真到了应聘时，那些好职位并不青睐她，她找到的还是跟以前差不多的事务性工作。

在跳槽越来越普遍的今天，像女孩 D 这样的情况挺常见的，转战于各行各业积累了不少的经验，表面上看真的是"什么都会"，可真把一个要紧的职位交给她，却未必能做得好。这样的"全才"在职场上并不受青睐，含金量也不高，因为它的"全"涉及的都是一些工作内容简单、没有太高技术含量的岗位，入职门槛低、竞争激烈。

惠普公司前 CEO 奥菲丽娜说："人生是一个不断剔除枝叶、走向主干的过程。"

过多的枝叶会影响我们成为参天大树的进程，成为专业型人才才是现代职场的生存法则。眼皮太活，朝三暮四，东一榔头西一棒，耐不住性子在底层进行专业能力积累，抱着投机侥幸心理，到头来都只是光开花不结果。况且，现代社会的分工愈发明确，岗位也愈发细化，一个人的时间和精力是有限的，很难成为一个什么都懂的全才。倘若各方面都是涉猎，就缺乏了专注力，工作做得越杂，最易导致的结果就是做什么都不到位。

企业真正需要和欢迎的人，应当是具备基本技能和专业技能的人。这就好比一位技术领域的工程师，他在游戏软件开发方面堪称"大匠"，与此同时，他的英语也很好，写作表达很强，可以将自己的工作经验转化为文字，作为经验给同事培训，那么这样的人才绝对是受企业欢迎的，他可以在技术领域给公司带来巨大的影响，同样也具备担任中层管理者的资质。

那么，怎样才能成为一个专才呢？

在这里，我希望大家先规避一个误区，那就是别把资格证"太当回事"。有一个男生从读大学开始就迈进了考证的队列，英语口语证书、导游证书、会计证到毕业的时候全都拿到手了。本以为这样就能增加求职成功的概率，结果却跟其他同学一样，兜兜转转没寻觅到合适的岗位。

把所有的资格证囊括在手，并不是优秀的"专家"，顶多是一个"博士"。常识不代表卓越，就像"十万个为什么"不代表研究能力；知识不是摆设，不是徽标，而是行动的工具。想在激烈的竞争中占有一席之地，成为一个超凡脱俗的"匠人"，就得有一些自己有而别人没有的强项。

拿破仑·希尔说过："专业知识是这个社会帮助我们将愿望化成黄金的重要渠道。也就是说，如果你想获得更多的财富，就要不断学习和掌握与你所从事的行业相关的专业知识。不论如何，你都要在你的行业里成为一等一的专才，只有这样，你才能鹤立鸡群，高高在上。"

要做到这一点，就是认准一个方向，专注地做下去，达到精通的状态。

巴黎一家五星级大酒店里有个小厨师，长相憨厚老实，谁说什么，他都照单全收。这小厨师没有什么特长，做不出那些能上大场面的菜，所以一直都给主厨打下手。不过，他会做一道非常特别的甜点，就是把两个苹果的果肉都放进一个苹果中，那个苹果就显得特别丰满，但从外表上看，完全看不出来是两只苹果拼起来的，就好像天生长成的一样，且果核也被巧妙地去掉了，吃起来别有一番味道。

一位长期包住酒店的贵妇人无意间发现了这道甜点，尝过后非常喜欢，就特意约见了这个小厨师。该贵妇人长期包了一套最贵的套房，一年里只有不到一个月的时间在这儿度过，可她每次来都会点那个小厨师做的甜点。

酒店里每年都会裁员，经济低迷的时候，裁员的力度就更大。然而，那个憨厚的小厨师却每次都能幸免，外人总觉得他是有背景的。后来，酒店的总裁告诉小厨师，那个贵妇人是他们的VIP客户，而他也是酒店里不可或缺的人。

何谓不可取代的人才？并非取决于他所在的岗位，而取决于他本身是否有精湛的技能。这份技能的锤炼，绝非一日之功，需要日复一日地打磨，像海绵一样广泛摄取这一行业的各种知识，在所感的行业中深度发展，在光阴岁月中塑造不可替代的价值。

在学习某种技能时，我们经常会说到四个字——"熟能生巧"。熟能生巧，源自一个典故。

北宋时期，有一个叫陈尧咨的射箭能手。有一次，他在人前表演箭术，十只箭全都射在同一位置，众人纷纷叫好，陈尧咨也很得意。这时，他旁边的一位老者不以为然地笑了。陈尧咨觉得奇怪，便问老者："您看我射得怎么样？"老人摇摇头，说："我不会射箭，你射箭只是手法熟练而已，没什么了不起。"

陈尧咨很不高兴，追问老者为何这样说？老者没有答话，从身旁拿出一个油葫芦，倒出一勺油，用一枚铜钱盖在葫芦口上，把这勺油高高举起，将油穿过铜钱的方孔全都倒回葫芦内，而那枚铜钱上竟然没有沾一滴油。老者说："我没什么本事，只是卖了几十年油。我倒油和你射箭一样，只是手法熟练了一点而已。"

熟能生巧，巧能生精。论箭术，陈尧咨是行家；论倒油，老者却也是大匠。他每天做的就是来回倒油，在外人看起来似乎还有点无聊，但就是这件事，他却做到了非常专业的水准。尽管他自谦地说熟能生巧，但我们都知道，不是每一个卖油的人都能做到他这样。

由此可见，专业无处不在。很多人不一定是所在领域内学历最高、职称最高的人，但却能够通过不断进取的态度，做好每天重复性的工作，继而达到超越他人的程度。专业不一定非要专家才能完成，每个人尽心尽力地追求，朝着高标准努力，都能够达到专业水准。

　　1968 年，34 岁的曾宪梓决定在香港创业。当时，他对香港的市场并不熟悉，一直在多方打听商业消息，分析行情，在百货商场、街头巷尾的人群中寻找切入口。最后，曾宪梓把注意力放在了领带生意上。那时候的香港正流行穿西服，上到商界政要，下到平民百姓，都会穿一身西服在身上，而领带也就成了紧俏的商品。不过，香港市场的领带多半都是进口的，很少有本土的，曾宪梓决定抓住这个机会。

　　曾宪梓当时的创业资本只有 6000 元。在出租房里，他用帘子将房屋一分为二，前边做工厂，后面做住所，没有钱雇佣员工，就自己买了台缝纫机操刀设计、制作。就这样，他的一人工厂成立了，经过数天的艰苦奋斗，第一批领带终于问世。他带着自己的劳动成果辗转于大街小巷，推销自己的产品。没想到，根本没有人认可，他的领带无论是布料、款式还是工艺，都跟进口领带相差甚远，入不了买家的眼，勉强说要的开出的价格也让他难以接受。

　　这样的结果，让曾宪梓意识到了一点：想靠低档产品迅速打开市场行不通！在香港，没有谁喜欢低档货，人人都以身着名牌为荣。他当即决定，要做就做到专业水平，生产香港市场最一流的产品。

　　他走遍各大商场，买了数条名牌领带，将它们细心拆解，一针一线、一丝一缕地研究。生物专业出身的他，甚至还用显微镜来观察领带纹理的变化。研究完制作，他又开始研究不同面料的选取、颜色的选择、领带与西装的搭配，以及各国人民的不同喜好。

　　一段时间过后，曾宪梓花费高价买进一批法国最好的面料，开始了他的专业设计。几天过去后，他把自己制作的 4 条领带拿给一位行家看，那行家一口咬定，这绝对是国外进口的高档产品。这下，曾宪梓心里有了底。他靠着这些高档产品，以低于进口货的价格迅速打开市场，订单也开始陆续增多。随后，曾宪梓为自己的领带创立了一个响亮的牌子——金利来。

从低档产品遭拒，到精致产品的成功，曾宪梓用他的经历证明了专业的重要性。无论是创业还是在企业中工作，每个人都渴望得到他人的肯定，都想得到更好的发展。但要实现这个愿望，需要多方面的条件，最重要的就是能力！

业务技能精湛永远是做好本职工作的要件，也是竞争中的王牌。无论你目前的职位和工种是什么，只要你具备和工匠一样钻研的精神，不断提升专业技能，一样可以在平凡的岗位上做出不凡的成绩。

世界级管理大师大前研一在《专业主义》一书中写过："未来社会竞争的加剧，将促使个人、团体、企业越发地走向专业化，而非专业化的工作将逐渐在竞争中被淘汰。"所以，接下来我们要思考的是：如何提升专业技能？如何更好地为顾客、为公司、为社会服务？唯有不断向专业化靠拢，才能打造不可替代的自我价值。

第四章
‖
"初心"之坚持——多一份坚持便是光明

做事要有始有终

什么是了不起的人？是勇敢无畏不惧生死，还是腰缠万贯名利双收？

对常人来说，这些情形不免有些遥远。或许，更加接地气的解释，还是南怀瑾先生所云："一个人在千军万马的战场上忘掉了生死去拼命，博得成功而成名，那还算容易。但是，在人生的途程上，零割细刮地慢慢走，有时真受不了，会有恐惧之感。在这个时候能够不恐惧、不忧愁、不烦恼，有始有终，就是了不起的人。"

工作中，我们最头疼的莫过于遇到有头无尾，或者虎头蛇尾的情况。最初信誓旦旦，说自己一定能做好，也确实表现出了一份热情，可做着做着才发现，很多问题比预想得要复杂，还有重重阻碍，自信心被打击了，激情也被磨灭了。渐渐地，就有了退缩和逃避的想法，感觉自己无力招架，干脆就扔下不管，丢给别人去处理。

其实，这不是解决问题应有的态度。经常半途而废，造成的损失不仅仅是工作任务没完成，更糟糕的是它会给人带来心理上的挫折感，养成知难而退、虎头蛇尾的习惯，这才是成功路上最大的障碍。懂得坚持，做事有始有终，才能摆脱平庸，走向平凡。

1985 年，40 岁的吉列在一家公司做推销员。由于职业的需要，他每天都会仪表整洁的出门，而刮胡子也就成了早晨的必修课。一天早上，吉列在刮胡子的时候，发现刀片磨得不够锋利，刮起胡子来很费劲，脸上还被划了几道口子。气愤又沮丧的吉列，眼睛盯着刮胡刀，突然萌生了创造一种新型剃须刀的想法。

说做就做，毫不犹豫，这是成功者的一大特质。吉列果断地辞掉了推销员的工作，开始专心研制新型的剃须刀。他在脑海里预想了新发明要具备的功能：使用方便、安全保险、刀片可随时替换。当时的吉列，在思维上尚未冲破传统习惯的束缚，新发明的基本构造，始终没有摆脱老式长把剃刀的局限，尽管一次次地改进，可结果依然不太理想。

换作常人，如果几年的时间都没能成功，也许会想到放弃。吉列虽然也有点沮丧，可他并未想过放弃研制。在又一次遭受失败的打击后，吉列走出家门，去郊外散心。他两只眼睛茫然地望着一片刚刚收割完的田地，一个农民正在用耙子整修田地。吉列看到农民轻松自如地挥动着耙子，突然一个灵感闪现出来：能不能仿照耙子来设计剃须刀的基本构造呢？

吉列回去就赶紧做实验，结果，苦苦钻研了八年，终于成功了。

做事情，想有一个好的结果，必须得有一个好的开始。同时，在过程中无论受到什么挫折，都要坚持下去。这种坚持，就是有始有终的态度。生活和工作总会有难题存在，而成功的关键就在于，能否保持继续前行的勇气，能否不厌其烦地去攻克难题。很多时候，成功与失败之间，差的不是十万八千里，仅仅是多一点点时间而已。

《阿甘正传》这部电影已经看过十几遍，可依然很喜欢，我也经常推荐公司里的年轻职员去看，去领悟其中的道理。很多人喜欢阿甘，应该都是被他那份简单纯粹、笃定坚持所打动。只要认定了一个目标，不去思考太多无用的东西，而是全力以赴地朝着目标去努力。

年少时的阿甘，怕挨打，就不停地跑，结果成了橄榄球场上高手；想打乒乓球，就专注地练，结果成了美国的代表到中国打球；和战友有过约定，就全力以赴地去捕虾，结果成了富翁；内心喜欢一个人，就默默地等，等她回到自己身边；想跑步，就不停歇地坚持跑下去，一直跑了几年，身后有了大批的追随者。

上述的种种成就，并不是阿甘刻意去追寻的，他在做一件事的时候，本着自己的初衷，没有任何功利性的目的。始终如一地坚持了，拼尽全力地去做了，就在不知不觉中超越了身边的很多人，尽管在身体和智力上远不如常人。

这是一种讽刺，也是一种警醒。多数人在看不到眼前的利益、短期内未见收获时，就灰心丧气地放弃了。阿甘简单，他不会去计较，只会心无旁骛地坚持。结果，这种不放弃、有始有终的精神成就了他，也感动了千万人。

世间最容易的事是坚持，最难的事也是坚持。说它容易，是因为只要愿意，每个人都可以做到；说它难，是因为真正能够身体力行的，终究只是少数人。

每个人的身体里都隐藏着优秀的潜质，只要保持一种有始有终的态度，都可以在平凡中彰显出不凡。

三年前，我平生第一次接触到这样一个群体：航道养护工。一直以来，他们都生活在人们的日常视角之外，在一线从事水上救助打捞、运河水面保洁和航道养护工作。这是一份平凡的不能再平凡的工作，可他们对这份工作投入的责任心与恒心，至今仍令我动容。

水上救助和打捞工作，时间上没有定性，往往都是突发事件。在半夜接到打捞沉船通知的事，对航道养护工们来说是家常便饭。一位工作了20年的船工老李跟我说，夜里很容易发生船舶碰撞事故，要在第一时间赶到事故现场去处理，才能尽量减少损失，保障船上人员的安全。说起这些年的工作经历，他的眼神中闪动着光芒，我看得出，他深爱着自己的工作，

如果，你拥有一万双眼睛，
为什么一直还只用一双眼睛看世界？

将其视为毕生的事业。

老李身高不足一米七，站在人群中并不起眼，写满岁月痕迹的脸上带着平和而温暖的微笑。当我提及想多了解一下他的经历时，他略带怯意地说："我就是一个普普通通的人……"是，从外表上看，他没有特别引人注意的地方，可是平凡不代表平庸，平凡的人总能带给人不平凡的感动。

水上救助打捞并不像想象中那样简单。当沉船的重量几倍于打捞船的重量时，一个小小的判断失误将会给打捞船和打捞人员带来极大危险，老李说："我们一般的打捞船是 45 吨位的船舶，它的起重能力为 100 吨，但是现在的沉船很多是 400~500 吨的大吨位货船，给水上打捞工作带来极大的困难和危险，要想打捞上它来，需要我们从事打捞工作的人员具有丰富的经验，有对沉船重量的估计能力。"

很多时候，老李他们不只是打捞沉船，还要打捞"生命"。记不清楚有多少个夜晚，他在沉睡中被电话铃叫醒，利索地赶往事故地点，他说："不能犯懒啊！晚一分钟，说不定一条命就没了。"在进行救助工作时，老李总会带上一些衣服和食物，以便给不慎落水的船员们用，这种贴心的举动，经常让同事们感动不已。在老李看来，只有自己在航道安全问题上做到不留一点儿隐患，才能安心做事，船户也才会放心。

运河水面的保洁是老李他们每天必做的事，一年 365 天，无论烈日炎炎还是寒风瑟瑟，大家都是准时准点出发去做清洁工作。到了夏天，甲板上的温度远高于皮肤温度，根本无法下脚，老李和同事们都是忍着脚底的高温进行作业。到了冬天碰到雨雪天气，船上没有任何的遮蔽物，被冰冷的雨雪打在身上的滋味着实不好受，可他们依然坚持在一线，从不懈怠。

做航道养护不是一件轻松的事，不仅工作强度大，有时还要牺牲公休的时间，加班加点地作业，可老李却憨笑着说："虽然累点儿，可看到市民们能在干净美丽的运河边散步，我觉着自己的付出挺值的。"这不仅是老李的信念，也是所有奋斗在一线的航道养护工们共同的信念。

老李用他的真诚、热爱和奉献，兢兢业业、勤勤恳恳地书写着他的平淡人生，也用他的人生诠释着平凡中的不平凡：平凡的岗位，不平凡的坚持；平凡的人生，不平凡的感动。

在平静的生活中，也许你时常会想：我是不是太平庸了，太平凡了？到底怎样做，才能获得一份傲人的成就？其实，人生洗尽了浮华，尽是平淡，而成功的秘诀就是坚持做一件平凡的事。你看，沙子多平凡，却蕴藏着宝贵的黄金；泥土多平凡，却能供养出鲜活的花草。同样，你的工作也许是平凡的，但只要坚持做好，总有一天你会发现，它一样可以编织出你壮丽的人生。

上天是公平的，它给了每个人一把打开成功大门的钥匙——坚持。无论你是谁，只要你抓住了这把钥匙，成功的曙光就会毫不吝啬地照向你；一旦放弃了它，就算是近在咫尺的胜利女神也会悄然离开。所以，别再问成就事业的捷径和诀窍了，一个不愿意独自守着凄苦暗夜的人，不可能迎来晨曦中穿破云层的第一缕曙光，任何不平凡的成就，都源自内心毫不犹豫、毫无退路的坚持！

不积跬步，无以致千里

要完成一个伟大的目标，时间与精力，缺一不可。不过，人总是有惰性的，也会倦怠，更会缺乏信心、情绪低落，在这些负面因素的干扰之下，许多人主动或被动地放弃了。究其根源，还是心太急，总想一蹴而就，找寻捷径。

荀子早在《劝学》中告诫过我们："不积跬步，无以至千里；不积小流，无以成江海。骐骥一跃，不能十步；驽马十驾，功在不舍。锲而舍之，朽木不折，锲而不舍，金石可镂。"手艺也好，能力也罢，都不是短期内可以练就的。只要每天前进一小步，持之以恒，天长日久，当你回看时，就会发现，自己已经走了很远，这就是坚持和积累的魅力。

小顾读书时成绩不好，勉强上了一个中专，毕业后就出来打拼了。由于学历不高，没什么技能，就只能做一些简单粗重的活。看着同龄人在大学里享受生活，小顾后悔了，可又不甘心就这么认输。后来，经过朋友介绍，小顾来到了一家公司做业务员。

业务员的底薪不高，要想发展完全是靠能力和业绩。小顾挺努力的，适应能力和学习能力也很强，几年以后，已经是一个不错的业务员了。但他意识到了一个问题，自己的学历不高，领导总把大客户交给一些业绩相当、学历更高的同事，这让小顾有了危机感。为了将来更好的发展，必须要充电。小顾报考了成人大学，并开始自学英语。

小顾随身带着一个英语单词本，白天联系、拜访客户的间隙就看看。晚上，在网络课堂学习，睡觉之前还要看看书，听听英语。听着小顾并不标准的发音，妻子又是好笑，又是心疼："都这么大的人了，还费劲学什么英语啊。你看你每天这么累，早点休息吧。"小顾却觉得，学习贵在坚持，每天学一点，时间长了总会有成效。

两年后，小顾从成人大学毕业了，英语也有了很大的进步。

有一次，公司有一桩海外业务，客户是美国人。公司派去与客户接洽的人有两个，一个是个硕士毕业的小张，英语说得非常地道，主要负责与客户交流；一个是小顾，而小顾只是打下手。没想到，小张那天出了点状况，没法按时约见客户。

提早到了商务会所等待客户的小顾，如坐针毡。虽然自己学了两年英语，工作中也经常会用到，但还是对自己没信心。可转念一想，总不能把客户晾在一边啊！一番激烈的思想斗争之后，小顾硬着头皮开始跟客户交流。

虽然小顾的英文说得磕磕绊绊，但客户明显感受到了他的热情与诚意。一个小时过去之后，擅长英语的小张赶到了现场。当他看到只有中专学历的小顾，居然和客户周旋了一个小时，不禁心生佩服。在小张的详细讲解下，那次会面进入正轨，也促成了合作。

见过了太多的员工，能像小顾这么有毅力又好学的年轻人，真是不多见。公司领导也很珍惜小顾这样的人才，不久，小顾就被派到了客户部做主管。

做了主管的小顾并没有懈怠，继续努力学习英语，还常常看一些人际关系与心理方面的书籍。现在的小顾，已经完全能独当一面，给公司拓展了不少的海外业务。

许多事情就是这么简单，你肯下功夫，你肯坚持，一个看似高不可攀的目标也能被攻破。怕就怕，只是有勇气尝试，却没有毅力坚持。我们都知道，开始做一件事并不困难，因为你斗志昂扬，过一段时间之后，困难就会找上你。到那时，疲劳就像一阵秋风一样袭来，你会感到疲惫，会觉得目标太遥远，并失去坚持下去的信心。

杰克·伦敦为了让自己坚持写作，把好的字句抄在纸片上，插在镜子缝隙里，别在晒衣服的绳子上，放在衣袋里，以便自己随时记诵。多年以后，他成为文学界的一代名匠。

对待工作和理想，我们应该像毕阿斯所说的那样："要从容地着手去做一件事，一旦开始就要坚持到底。"让坚持的习惯牢不可破，在缓慢而坚韧中，酝酿一个好的结果。

在许多人的潜意识里，一直把成功视为遥远缥缈的事，望着他人的功成名就，心中涌起的是艳羡和感叹，总觉着能够抵达那样的高度的人，一定是不同寻常的。坦白来说，我也曾有过这样的想法，但是多年前的一件事，却打破了我狭隘的思想认知。

那还是在 2000 年的时候，我在西安偶遇昔日的同学 H。我对 H 的记忆，一直停留在中学时代，因为高中毕业后大家就各奔东西，很少再联络。依稀记得，读书时的 H 是一个很内向的女孩，说话慢吞吞的，略带羞涩，每次回答问题声音都压得很低，脸涨得红红的。当时大家都努力想考大学，为自己谋得一块漂亮的敲门砖，在未来的竞争中多一份赢的机会，以 H 当时的成绩来说，想进大学的门槛几乎是不可能的。据说，H 后来好像是去了外地的一所大专院校，总之中学毕业后，我和 H 就没有再见过面。

阔别数年后，出现在我面前的 H，样貌上没有太大的变化，但神韵却完全不同了。在她身上，看不到任何忸怩和羞涩，有的是落落大方、侃侃而谈。在聊天中我得知，她专科毕业后，在一家电子科技公司做业务员，靠着出色的业绩做到了主管，后独立门户开设了一家小型的电脑经销公司。当时，多数同龄人都还苦苦寻觅稳定的饭碗，而向来给人以羞涩、胆怯印象的 H，却摇身一变成了商人，拥有了属于自己的公司。

我对 H 的变化感到惊讶，但也知道这种变化绝非偶然。

细谈中，H 告诉我，她从去外地上学时开始，就一直在打工。出门在外，举目无亲，什么事都要靠自己，那几年的独立生活着实锻炼了她。毕业后，她投身到销售行业中，三年没有真正地休息过，努力挖掘客户所需，竭尽全力帮客户选择适合的产品，提供热情的售后服务。再后来，公司将她调到大客户部做主管，她在维系客户资源的同时，努力学习管理方面的知识，希望能多积累一些经验。

听她说起自身的经历时，我的脑海里呈现出一幅幅画面：大学校园里的男生女生聊天说笑时，她在烈日炎炎下辛苦地做着促销；办公室里的同事上网偷闲的时候，她在整理电话记录，找出有意向的客户；别人拜访两个客户就急着回家的时候，她还在去往第三位客户公司的路上；别人沉浸在升职加薪的兴奋与得意中时，她却在绞尽脑汁地探寻着自己从未涉足的新领域，攀登着新的高峰。

从平凡的学生，到平凡的业务员，一步步地迈向职业经理人，到后来自主创业成为老板。H不是一个多么不同寻常的人，甚至曾经的她还有着一丝的胆怯和自卑，被许多人忽视和不看好，可那又怎样呢？她用心生活、用心工作、专注认真、努力向上，最终成就了自己的一番事业。H的成功，不是从天而降的幸运，是日复一日的努力叠加的结果，是无数个平凡日子的交集。

生活的平凡是赐予每个人最公平的礼物，也是成就英雄最肥沃的土壤。世间所有的成功，都是在平凡中积累、坚守和蜕变的过程。

成功意味着一个人不平凡，但这份不平凡是在平凡中创造出来的。量变是质变的必要准备，质变是量变的必然结果！清醒一点，现实一点，别总是好高骛远，重视眼下所做的事，不断积累，不断总结，卓越就会慢慢向你靠近。记住：罗马不是一天建成的。学习没有捷径，也无法速成，成功更需要从切实可行的基础做起，脚踏实地地学习，长久地坚持。不管你的能力有多强，也不要为了高而空的理想盲目地追寻，从最基础的事做起，用心对待每一天，把眼前的事做好，戒除浮躁，即便是普通平凡的工作，也可以创造精彩。

多走一步，再试一次

伍迪·艾伦说："成大事者与未成事者之间的差距，并非如大多数人想象的是一道巨大的鸿沟。成大事者与未成事者的区别在于一些小小的行动上：每天多花五分钟时间阅读，多打一个电话，多努力一点，多做一些研究，或在实验室中多实验一次。"

关于成功，无数卓越人士和组织都在极力秉承这样的理念和价值观：比别人多走一步！即比别人看得更远一点，做得更多一点，动力更足一点，速度更快一点，坚持更久一点。现代社会，缺乏的正是这种匠人般的意志和精神。

看过一期栏目，有人询问国内一位成功的企业家："为什么你在事业经历了那么多艰难和阻力时，还可以不放弃呢？"企业家的回答，平实却令人震撼，他说："你观察过一个正在凿石的工匠吗？他在石块的同一位置上恐怕敲过了 100 次，却毫无动静。但是就在那 101 次的时候，石头突然裂成两块。事实上，不是这第 101 锤使石头裂开了，而是先前敲的那 100 下。"

但很多人就是敲打到 90 次或 100 次的时候，看到石头静止不动，就放弃了。其实，如果能再多坚持一会儿，多用一点儿力，结果可能就会完全不同。

1943 年，美国《黑人文摘》开始创刊。当时，它的前景并不被人看好。为了扩大该杂志的发行量，创始人约翰逊积极地为宣传做准备。他决定组织撰写"假如我是黑人"的系列文章，请白人把自己放在黑人的位置上，严肃地看待这个问题。他想，若是能请罗斯福总统夫人埃莉诺来写这样的一篇文章，是再好不过了。

很快，约翰逊真的给埃莉诺写了一封诚恳的信。可是，罗斯福夫人表示自己太忙了，没有时间写，婉言相拒。约翰逊没气馁，继而又写了一封信，埃莉诺回信还是说自己很忙。此后，每隔半个月，约翰逊就会准时给罗斯福夫人写去一封信，言辞也愈加恳切。

不久，罗斯福夫人因公事来到约翰逊所在的芝加哥市，并准备在此逗留两日。约翰逊得知消息，非常激动，他立即给总统夫人发了一份电报，恳请她在芝加哥逗留的时间里，给《黑人文摘》写一篇文章。这一次，罗斯福夫人没有再拒绝。面对这么热情而执着的人，罗斯福夫人觉得无论多忙，都无法再说"不"了。

这个消息一传出去，轰动了全国。结果，《黑人文摘》杂志在一个月内，由2万份增加到了15万份。后来，约翰逊又出版了黑人系列杂志，并开始经营书籍出版、广播电台、妇女化妆品等，成了出版界的名人。

励志大师拿破仑·希尔访问过诸多的成功人士，并总结出了这些人士共有的特征：他们成功之前，都遭遇过非常大的险阻。事情遇阻就放弃看似无关紧要，可往往迈过了这一步，就能抵达终点；多坚持一下，奇迹可能就诞生了。

理查·巴哈所写的《天地一沙鸥》，在出版前曾被十八家出版社拒绝，最后才由麦克米兰出版公司发行。短短的五年时间，在美国就卖出了七百万本。《飘》的作者米歇尔，曾经拿着作品和出版商洽谈，被拒绝了八十次，直到第八十一次，才有出版商愿意为她出书，而此书一出便成了世界名著。

去过开罗博物馆的人，一定会对从图坦卡蒙法老墓里挖掘出的宝藏所震撼。这座庞大建筑物的第二层放置的，大都是灿烂夺目的宝藏，黄金珠宝、大理石容器、黄金棺材等，巧夺天工的工艺至今无人能及。可鲜少有人知道，如果当年不是霍华德·卡特坚持多挖一天，这些宝藏可能到今天还深埋在地下。

1922年，卡特几乎放弃了找到年轻法老王坟墓的希望，他的支持者也准备取消赞助。卡特在自传里这样写道："这将是我在山谷里的最后一季，我们已经挖掘了整整六个季节，春去秋来毫无收获。我们一鼓作气工作了好几个月，却没有发现什么，只有挖掘者才能体会到这种彻底的绝望感，我们几乎已经认定自己被打败了，正准备离开山谷到别的地方去碰碰运气。

然而，要不是我们垂死的努力一锤，我们永远也不会发现这超出我们梦想所及的宝藏。"

就是这垂死的努力一锤，让卡特闻名了全世界，他发现了一个完整出土的法老王坟墓。

年轻人如果有机会的话，多跟一些手艺人、艺术家聊聊，在他们身上，你会发现，一个人对于自己所钟爱的事业，就算受尽了磨难也会坚持。那种匠人精神，如同一剂强心剂，让浮躁不安的思绪平静下来。

成功没什么秘诀，贵在坚持不懈；卓越也没什么秘诀，就在比别人多走一步。对工作，既然选择了，想要好的结果，都应有一份坚持的态度。遇到了不喜欢的事情，别推托，坚持用心去做，你会发现其实能做得很好，从前只是潜意识里对这件事没有自信，才导致兴趣下降。多一点迎难而上，找寻积极的、有趣的价值。

人们常常是在跨过乏味与喜悦、挣扎与成功的重要关卡前选择了放弃；在做了90%的努力后，放弃了最后可以获得成功的10%。这，其实是人生最大的一种浪费，不但输掉了开始的投资，也会丢掉经由努力而有所收获的喜悦。任何一件平凡的事情，只要你能坚持"比别人多走一步"、"多坚持一分钟"，你的生活可能就会与众不同。

现实中抱怨生不逢时、没有机遇的人，有几个一直秉持着"再试一次"的心态？也许，多半都是，考试不过关，干脆就放弃了；电话打不通，干脆就不打了；计划不成功，干脆就转行了；东西修不好，干脆就扔掉了……理由总是没希望，可真相却是，没有勇气和耐心再试一次。

有个青年到微软公司应聘，当时的微软并没有刊登招聘广告。看到总经理疑惑不解，青年用不太娴熟的英语解释说，自己刚巧路过这里，就贸然进来了。总经理觉得挺有意思，就破例让他试一试。面试的结果不太理想，青年表现得很糟糕，他跟总经理说，是自己事先没有准备好，才会出现这样的状况。总经理觉得，这不过是一个托词罢了，就随口说了一句："那就等你准备好了再来试吧！"

按照常人的思维来想，这个人恐怕多半是不会再来了。可是，万万没想到，一周以后，这个青年再次走进了微软公司的大门。不过，这次他还是没有成功，总经理给出的回答和上次一样："等你准备好了再来试。"

知道吗？这个青年真的先后五次踏进微软公司的大门，他根本不介意别人会怎么看，而是一次次地完善，等待被认可，被接受。终于，到了第五次的时候，微软录用了他。

扪心自问，你有没有为了一份心仪的工作，先后去同一家公司面试五次？是不是在一次被拒绝后，就放弃了呢？你有没有为了一位客户，先后去拜访他五次？是不是也在第一次被拒绝后，就将其放进了黑名单？你有没有为了一个职位，先后去争取五次？是不是在一次被否定后，就灰心沮丧甚至想到另谋高就了呢？

要知道，越是追求卓越，需要付出的努力就越多，同时要承受的失败也越多。在这样的时刻，就需要有"再试一次"的决心和胆量，坚持再坚持。一次又一次之后，哪怕你还没有抵达成功的彼岸，你也一定在此过程中得到了提升。只有永不言败，不断追求进步，敢于接受打磨，才能在探索中拥抱灿烂和辉煌。

坚持就是偏执和倔强

如果你看过乔布斯在斯坦福大学的演讲视频，我相信，你也会动容。

乔布斯慷慨激昂地说："不要被信条所惑，盲从信条就是活在别人思考的结果里。不要让别人的意见淹没了你内在的心声。最重要的，拥有跟随内心与直觉的勇气，你的内心与直觉多少已经知道你真正想要成为什么样的人，而任何其他事物都是次要的。"

在大学里，乔布斯坚持的不是学业，而是梦想。事实上，在乔布斯的一生里，梦想始终是他的精神支柱。说起自己的经历，乔布斯感触颇深："当我还在大学时，不可能把这些点点滴滴预先串在一起，但是在十年后回顾，就显得非常清楚。我再说一次，你不能预先把点点滴滴串在一起；唯有未来回顾时，你才会明白那些点点滴滴是如何串在一起的。所以你得相信，你现在所体会的东西，将来多少会连接在一块。你得信任某个东西，直觉也好，命运也好，生命也好，或者业力也罢。这种做法从来没让我失望，也让我的人生不同起来。"

仔细观察，也许你会发现，乔布斯外表最吸引的人，莫过于那一双眼睛。他总是专注地盯着别人，告诉对方自己的看法，让对方被他强烈的人格魅力所感染。很多人在乔布斯的影响下，都达成了自己不敢想象的目标。有人称乔布斯有强大的"现实扭曲力场"，普通人所看到的那些客观条件的限制，在乔布斯那里完全不是问题，乔布斯一直坚信，只要相信就可以做到。

反叛而坚定的性格，伴随着乔布斯的一生。他像工匠一样专注，让不可能的事变成可能，那份近乎偏执的坚持，塑造了独特的他，也塑造了独特的"苹果"。

30岁以后，乔布斯创立了皮克斯，创造出了一部部动画精品。与此同时，乔布斯成为皮克斯和苹果两家上市公司的CEO，创造出了ipod、iphone、ipad、imac等一系列产品。这些成就跟乔布斯的性格有着密切的关联，坚持创新，挑战权威，与众不同。

这个偏执的人，改变了世界。

在产品的把控上，乔布斯也是偏执的，对于所有的细节，哪怕是无关紧要的部分，他都要求精益求精。

如果去读乔布斯的个人传记，你会觉得它比任何的心灵鸡汤都要励志。

在乔布斯重回苹果公司后，他跟广告商们一起琢磨广告词，字字句句里都透着个人的信念和鼓舞人心的力量："致疯狂的人：他们特立独行，他们桀骜不驯，他们惹是生非，他们格格不入；他们用与众不同的眼光看待事物、他们不喜欢墨守成规、他们也不愿安于现状。你可以认同他们，反对他们，颂扬或者诋毁他们，但唯独不能漠视他们。因为他们改变了寻常事物，他们推动人类向前迈进。或许他们是别人眼里的疯子，但他们却是我们眼中的天才。因为只有那些疯狂到以为自己能够改变世界的人，才能真正改变世界。"

360公司董事长周鸿祎说："每个人都有自己对乔布斯成功的理解，但是我认为最重要的是乔布斯的自我反省能力。其实乔布斯经历过很多失败，但是从失败中学习了很多经验，永不放弃。"正是在多重挫折与重大失败中，乔布斯淬炼出了这枚闻名世界的"苹果"。

乔布斯选择了热爱，选择了梦想，选择了坚持。这一路走来，跌跌撞撞，坎坎坷坷，他却从未想过放弃。所以，在人生的路上，你若找到了自己所热爱的事业，那么请你勇往直前。要知道，通往梦想的旅程，除了坚持，还是坚持！

1929年的一天，一位名叫奥斯卡的人焦急地站在美国俄克拉荷马城的火车站，等待着东去的列车。在此之前，他已经在气温高达43℃的沙漠矿区工作了几个月，他的任务是在西部矿区找到石油矿藏，可惜努力许久始终没有收获。

奥斯卡是麻省理工学院毕业的高才生，非常聪明，他甚至能用旧式探矿杖和其他仪器结合，制成更为简便和精确的石油探测仪。当奥斯卡在西部沙漠里饱受着风沙之苦时，一个噩耗传来：由于公司总裁挪用资金炒股失败，他所在的公司破产倒闭了。听到这一消息时，奥斯卡心中所有的热情瞬间熄灭，对他来说，没有什么比失业更令人沮丧的了。

奥斯卡没有心情继续留在这里探矿了，随即就到车站排队买票，准备回程。可惜，列车还要几个小时才能到站，倍感无聊的他为了打发时间，干脆在车站架起了自己发明的石油探测仪。就在这时，他的探测仪显示了一个读数，从这个数据上看，车站地下似乎蕴藏着石油，且储量极为丰富。

这怎么可能呢？心如死灰的奥斯卡不敢相信自己的眼睛，也不敢相信这里会有石油，只怀疑是自己的仪器出了问题。失业之事本就搅得他心神不宁，想起自制的探测仪这么久以来都没给自己带来惊喜，偏偏在这个时候出现读数，奥斯卡满腔怒火，大声地吼叫着，并用脚踢毁了探测仪。

几个小时后，车来了，奥斯卡扔掉那架损毁的仪器，踏上了东去的列车。时隔不久，传出了一个震惊世界的消息：俄克拉荷马城竟然是一座"浮"在石油上的城市，它的地下埋藏着迄今为止在美国发现的储量最丰富的石油矿藏。

是奥斯卡缺乏判断的能力吗？是奥斯卡不具备创新的意识吗？都不是。奥斯卡缺少的，就是一份笃定的信念和坚持到底的决心。其实，再多一点自信，多一点坚持，他就能成为一个改写历史的人。用计算机科学家高德纳先生的话来说："过早退出，是一切失败的根源。"

一件事情到底有没有价值，一份工作到底有没有前途，不是凭眼睛去看的，而是要你全力以赴，才能逐渐呈现出清晰的结果。

漫画家查尔斯·舒尔茨曾经告诉记者，他不是一夜成名的，即便在他出版了有名的《花生》漫画之后。查尔斯·舒尔茨说："《花生》不是一问世就造成了轰动，那是一段漫长而艰辛的过程。大概有四年之久，漫画中的主人公史努比，才受到全国的瞩目，而它真正确立地位前后花了长达十年的时间。"

英国作家约翰·克里西，年轻的时候笔耕不辍，可迎接他的却是一次次地打击。约翰·克里西前后收到了 743 封退稿信，面对这样的现实，他是什么样的心态呢？"不错，我正承受着人们所不敢相信的大量失败的考验。假如我就此罢休，所有的退稿信都将变得毫无意义。但我一旦获得成功，每封退稿信的价值都将重新计算。"到约翰·克里西逝世时，他共出版了 564 本书，无数的挫折都因他的坚持变成了成功。

想一想，十年是什么概念？是三千六百多个日日夜夜啊！再想一想，被拒绝 743 次是什么感受？他们之所以能在文坛成为巨匠，就因为在最难熬的时刻选择了坚持，咬着牙挺住了！那些障碍不是来阻挡我们成功的，而是让我们明白，现在的失败是因为还存在不足，或是因为努力不够。

要做一件事，先沉下自己的心。别因为暂时没挖出井水，就提早退出，宣称此处无水。成功是一种积累，只要你走的方向没有错，那就一如既往地努力下去吧！任何奇迹的出现，都取决于人为的坚持。

坚持到底，才能成功

小孙读的是会计专业，毕业后还算顺利，进入一家公司的财务部做职员。对于绝大多数刚走出象牙塔的人来说，能找到一个与专业对口的工作，实乃幸事，她也想着自己能够干出点名堂来。

但理想与现实总有差距，多少书本上的东西，到现实中都不知该怎么用了？有些事情自己会做，可领导却不放心她这个初出茅庐的新人。她满满的自信，一下子都被抽干了，工作了一年，很少接触到核心，她愤而离去。

离职后，她应聘到一家国企做助理。入职不过数月，她又失望了。助理的工作枯燥无味，烦琐至极，每天浑浑噩噩地上下班，对着一摞文件苦不堪言。更要命的是，心思单纯的小孙发现，自己根本应付不了"办公室斗争"，有时候还没反应过来是怎么回事，就已经踩到雷区了。一份工作做得如此心力交瘁，小孙选择了放弃。

今后的路，何去何从？沉思数日，小孙决定挑战一下自己的潜能，去做销售。做销售，既可以锻炼口才，还可以拓宽人脉，最重要的是靠自己的能力说话。可惜，现实总是那么残酷冷漠，销售的工作压力何其之大，要面对的竞争何其激烈，这是小孙万万没有预料到的。

不懂销售的小孙，根本找不到客户，即便是揽到客户，也总是中途就丢了单。一边是业绩的压力，一边是老板的脸色，即便有什么想法和意见，小孙也没"资格"跟领导去谈。勉强撑了三个月，试用期一结束，不得不递上一封辞职信。

就这么跳来跳去，小孙尝试了不少工作，可没有一个坚持做下去的。越跳越想跳，越跳路却越窄。此时，她后悔了，恨自己没耐心。

很多时候，我们常常会因为逃避问题而选择跳槽，比如领导严苛、同事不好相处、工资太低、压力太大等等。以为重新选择就能够解决所有的麻烦，可结果往往是，换了一个新的工作，一个新的环境，类似的问题依然围绕着自己。

多数人都会抱怨外界的环境，却很少有人反思，重新选择并不意味着重新出发，有些问题当下不懂得如何应对，今后还会令你纠结万分。况且，换了新的环境，还可能有新的矛盾、新的问题，唯有去面对，才是解决之道。

有人曾经说过："邻居家的草坪总是看上去比自己家的草坪绿。但实际上，无论到哪里，草坪都没多大的区别。所以，与其常常想着跳槽，不如在现在的公司里打好基础。不管从事哪一行，轻易离开公司的人都很难成功。不管你现在处于什么样的逆境，请不要先考虑跳槽，而要选择努力。"各个行业内的大匠，往往都是"剩者"。

H是广告圈里小有名气的创意策划师。十年前的他，从某院校广告系毕业，靠着一份真诚和细致进入一家广告公司的业务部。当时，那家公司刚刚成立，资金不雄厚，平台不够大，做业务更是难上加难。一年之后，不少人都跳槽走了，H却留了下来。他不仅负责做业务，还向老板提出，愿意尝试做广告策划。

过程有多辛苦，H很少向外人提及，但谁都知道，总得先拉来业务才有机会做策划。可是，一般的小业务，根本无须多么有创意的策划，不过是布置一个展台，搞一个街头活动，做的多半都是体力活。这与电视剧本里演绎的那些尖端创意，大相径庭。可H就那么坚持着。

H向来勤勉好学。当朋友都忙着聚会喝酒的时候，他在家抱着一本砖头厚的《广告案例500篇》。后来，因为几次成功的广告策划，他在圈子里渐渐有了名气。

有朋友调侃他，做知名广告人的感觉如何？H说："做广告并不像表面看着那么有意思，真正有意思的部分连20%都没有。有时候，一个创意改了十几次，客户却说还是第一个比较好。"当朋友问及，为何不放弃做广告策划只做业务的时候，H又说："这个世界上，到处都是半途而废的人，也有太多自认豁达的人。可是，豁达有时候不过就是'放弃'的一个遮掩罢了。"

后来，H靠着自己的努力，开办了一家创意工作室，他的前任老板，欣赏他的为人，器重他的能力，几乎把所有的业务都交给他来做。

放弃，永远都比坚持要容易。想放弃的时候，可以找到一百种理由说服自己，说服别人，可坚持下去，要面对的却是不可预知的未来，有孤独、有辛苦、有无助，但也只有坚持下去，才能体会到守得云开见月明的成就感。

很多人都渴望当第一，但诸多事实告诉我们，做最后一个往往更好。在别人都不屑一顾、都想放弃的时候，你坚持着，你不离开，你默默地努力，撑过那段沉默的时光之后，往往就是海阔天空。世界上所有的幸运背后，都有一份坚持。只有坚持到底，才能获得最终的胜利。

成功者都有一个共性，就是在失败和挫折面前，仍然相信自己的能力，会尽最大的努力去尝试和争取。小泽征尔是国际有名的音乐家、指挥家，然而他今天在音乐界的名誉地位，离不开贝桑松音乐节的"国际指挥比赛"。在此之前，他不只与世界无关，即使在日本，也无人知晓。

小泽征尔决定参加贝桑松的音乐比赛，完全是受一位音乐伙伴的鼓励。可是，自从小泽征尔做了这个决定后，他每天都会提醒自己要全力以赴，几乎是废寝忘食地练习。经过重重的阻碍，他终于满怀信心地去了欧洲。可一到欧洲，就遇到了麻烦。

抵达欧洲后，小泽征尔先要办理参加音乐比赛的手续。可由于证件不全，音乐节委员会没有正式受理他的请求。这就意味着，小泽征尔无法参加期待已久的音乐节了。

怎么办呢？对一些性格内向、遇事就退缩的人来说，多半就会知难而退，选择放弃。可小泽征尔不甘心，他尽全力地为自己争取。他先是去了大使馆，说明整件事情的原委，请求帮助。无奈，日本大使馆无法解决这个问题。就在小泽征尔束手无策的时候，突然想起朋友之前跟他讲过的事情。

"对，何不去美国大使馆求助呢？"接着，小泽征尔就去了美国大使馆。

美国大使馆的负责人是卡莎夫人，曾经在纽约的某音乐团对担任小提琴手。小泽征尔把事情本末说明，请求对方帮忙想办法让他参加比赛。可卡莎夫人露出了为难的表情，说："虽然我也是音乐家出身，可美国大使馆不得越权干预音乐节的问题。"

小泽征尔没有放弃，仍旧执拗地恳求她。原来表情僵硬的卡莎夫人，逐渐浮现出笑容。思考了片刻后，她问小泽征尔："你是一个优秀的音乐家吗？或者是一个不怎么优秀的音乐家？"

对这个问题，小泽征尔毫不犹豫地说："当然，我自认是个优秀的音乐家，我是说将来可能……"他这番自信满满的话，让卡莎夫人的手立刻伸向电话。

她联系了贝桑松国际音乐节的执行委员会，拜托他们让小泽征尔参加音乐比赛。执行委员会告知，两周后作出决定，请他们等待答复。此时，小泽征尔的心中涌起了一丝希望，倘若这样还是不行，那么放弃也不算可惜了，毕竟是真的尽全力了。

两周后，小泽征尔收到了美国大使馆的答复，告知他已经获得参加音乐比赛的资格。

那场比赛，参与者共60位，小泽征尔很快通过了第一次预选，进入正式决赛。此时的他，心态很平和，一再提醒自己："既然我差一点就参加不了比赛，现在就算不入选也无所谓了，但是为了不让自己后悔，一定要拼尽全力。"

结果，小泽征尔获得了比赛的冠军。他的名字开始为世界所知，并逐渐确立了世界大指挥家不可动摇的地位。这一切，都是源自他当初的坚持。

"锲而不舍，金石可镂"，金石比木头的硬度高得多，但匠人不会因为它硬，就放弃雕刻出美丽的图案。只要锲而不舍地镂刻，天长日久，完全可以雕出精美的艺术品。所有的成功不都是这样获得的吗？只要足够努力，坚持不懈，终会"精诚所至，金石为开"。

第五章

‖

"初心"之平和——做真实的自己

学会内敛，不卑微、不张扬

平日喜欢下棋的我，偶尔会光顾一些棋牌论坛。不久前，我在论坛的象棋文学版块读到一篇寓言故事，颇有感触。在这里跟大家分享一下——

一副新象棋被人打开，摆在了棋盘上，象棋的主人和棋友边喝茶边对弈。

棋子们等待这一天已经很久了，今天正式进入战场，一个个跃跃欲试，都想大展拳脚建功立业。黑红两方的车、马、炮很快起了冲突，那些防守城池的将、相、士、帅也都随着棋局的变化左右地挪腾着。就连界河两岸的小兵小卒很快也发生了变化，有的刚开始就被对方的大炮打掉了，有的正随着棋局的发展跨过界河，在对方的地盘上缓慢前进。

然而，一连三局下来，有一枚黑方边卒始终没有动过地方。不知是自己这方的棋手没注意到它，还是对方棋手没向这里发起进攻，总之，三局对弈后，那枚小卒一直没被碰过，就跟其他的棋子们一起被收回了棋盒。

回到棋盒，棋子们还沉浸在刚刚的兴奋中，七嘴八舌地议论着自己的表现和作用。那些在棋局中发挥了重要作用的马、炮、车们兴高采烈地说着自己的光辉战绩，就连那些只动了几步的相、士、兵、卒们，也都争先恐后地说起自己是如何抵挡对方的进攻，让战局发生了转变。言外之意，它们都在强调自己的功劳。

唯独那枚在棋局中动也没动的黑方小卒，一直静静待在那里默不作声，它觉得自己在刚刚的棋局里什么作用也没起，跟不存在一样，没什么可说的。此时，紧挨着它的一枚红方老将注意到它，随即问道："小卒老弟，你怎么不说话呀？看起来似乎心情不太好啊！是不是觉得刚才一直没动，没立什么功劳，心里不舒服？"黑方小卒点头默认。

见此，老将用长者的语气说道："老弟，这你可就想错了。你难道不知道，咱们32颗棋子，无论车、马、炮，还是相、士、卒、将、帅，哪一颗棋子都有自己的能力和功用。别看刚才的三局你没动地方，可你知道吗？如果没有你在那块地方坚守着，挡着红方的棋子，你们黑方的那棋局早就溃败了。你不知道自己的作用和贡献，就妄自菲薄，只跟其他棋子去比较、争功，那不是虚荣心作怪、名利心作祟、自寻烦恼吗？好好想想吧！"

黑方小卒听了红方老将的话，恍然大悟。是啊，刚才对局时，好几次对方的马、炮都因自己阻挡，根本无法越过界河，自己不是也起了重要的作用吗？这时，它才真正明白：在一盘棋局中，每颗棋子都是有用的。想到这儿，它的心豁然开朗了。

这不仅仅是一个故事，更像是现代职场缩影。

每个人都渴望有所建树，在企业里成为受人瞩目的佼佼者，就如同棋局中的车、马、炮、将、相一样，而不甘心做那不起眼的小兵小卒。偶尔，还会因为自己岗位的普通、作用的微小，自感卑微，烦恼沮丧，失去对工作和事业的进取心，任由自己在平庸中沦陷。

其实，大可不必如此。有梦想和追求是一件好事，但不是只有做出惊天的举动才叫成功，认清自己的存在价值和作用，在自己的位置上坚忍不拔地扎实努力，也是一种成功。著名管理咨询专家蒙迪·斯泰尔在自己为《洛杉矶时报》撰写的专栏中曾经说过这样一段话：

"每个人都被赋予了工作的权利，一个人对待工作的态度决定了这个人对待生命的态度。工作是人的天职，是人类共同拥有和崇尚的一种精神。当生活中的我们把工作当成一项使命的时候，就可以从中学到很多知识，积累很多经验，就可以从全身心投入工作的过程中寻找到与众不同的快乐，实现人生的价值。这样的工作态度也许不会有立竿见影的效果，但是能够肯定的是，当'轻视工作'成为一种习惯的时候，最终的结果非常明确。工作上的日渐平庸，从表面上看来虽然只是损失一些金钱或者是时间，可是对你的一生会留下无法挽回的遗憾。"

企业如同一盘棋，每一个岗位都是必不可少的棋子，没有高低贵贱之分。稻盛和夫用了51年的实践，做出了一道题：每一个业务岗位上都是一个稻盛和夫，在那儿负责任地发现问题、做出判断和解决问题。所以，无论你的职位是什么，只要企业将一份工作交付给你，你就要努力站好自己的岗。这个岗位，既是你的责任，也是梦想的起点！

同样，每个人都渴望在工作中彰显自己的能力和价值，但若没有充足的工作经验，就不要恃才放旷，居功自傲。不然的话，很可能会给人留下外强中干的印象。

S是一所名牌大学的毕业生，离校后到一家大型企业应聘，没想到顺利通过了初试和复试，超过了不少有工作经验的对手，这让他多了几份自信和底气。

入职后，S主动找到公司的人事主管，说自己是农村出来的，不怕苦不怕累，就想到挣钱多的岗位上去工作。为了供自己读书，家里花光了所有的积蓄，还欠了不少外债。人事主管理解他的心思，就把他安排在了营销部做销售代表。

这家公司生产的医疗器械很畅销，销售代表都是按照业绩计算收入，S虽是新手，但是勤学肯干，一年下来，拿到的工资和奖金是其他部门员工的两三倍。这给了S莫大的动力，让他坚定了在营销部干下去的决心。

时间长了，S渐渐发现了营销部在管理上存在不少疏漏。为此，他除了着力于联系客户以外，还把心思用到了营销部的管理上，经常向经理提出一些意见，希望凭借自己的才能得到上司的赏识。不过，经理的态度总是模棱两可，虽肯定S提出的意见，却又时常以工作忙抽不开身为由搪塞拖延。

和经理交谈过几次后，S发现营销部墙上的组织结构图中有副经理的职位，但他到营销部这么久，却从来没见过副经理，这也难怪部门里的一些工作无人管理。随后，S打听了解到，营销部经理的年薪高过副经理，副经理的年薪也高过销售代表几倍，这不禁让S萌发了觊觎副经理一职的念头。

S拿出"初生牛犊不怕虎"的精神，在一次营销部全体员工会议上，大胆地提出了自己的想法，经理当众表扬并肯定了他。S以为，梦想马上就会成真了，可自那次会议后，他却意外地发觉，自己的处境变得越来越被动了。

初来乍到的他，根本没有想到，副经理的职位是许多人暗中等待和争夺的目标，迟迟没有定下来的原因就在于此。就算他业绩不错，但比起在公司做了四五年的、业绩相当的员工来说，他依然是个羽翼未丰的新手。他频频问及此事，外加学历上有优势，使得不少同事感觉到威胁，如今他又公然地表明要争夺这个职位，大家必然将其视为"眼中钉"。

渐渐地，投诉S的材料堆满了经理的办公桌：S不讲内部规定踩了我的客户点；S泄露了我们的价格底线；S抢了我正在谈判中的生意……这些投诉中的任何一项都是一个销售代表难以承受的。为了安抚部门多数员工的情绪，不致影响销售任务，S最终只得"心不甘，情不愿"地离开了公司。

回顾整件事，S究竟输在了哪里？四个字：锋芒毕露，沉不住气。本是一个初来乍到的新人，却选择用张扬来凸显自己的价值，却不知道真正有内涵、有实力的人，永远都是不显不露、平平常常的。

曾有一项对京津沪、珠三角等地区 3000 名职场员工的调查显示，多数职场人士对新人的能力和表现持认同态度，但他们一致认为，过分张扬个性、缺乏责任感是新人未来职业发展道路上最大的瓶颈。

一家公司的人力资源主管，接触过不少职场新人，他直言："新人在工作中很有冲劲儿，也挺热情的，但有时候热情过了头，什么事情都要大声张扬，做出一点儿成绩，就要喧哗一番。他们若能够沉稳一点儿，我还是很愿意跟他们共事的。"听得出来，他对职场新人的张扬与浮躁略显不满，但他也并未对新人全盘否定，他指出，"这些新人的执行力还是可以的，不管吩咐什么事情都能很快地完成"。

英国小说家詹姆斯·巴利说过："生活，即是不断地学习谦逊。"

一个人了解得越多，才越会认识到自己知道得很少；唯有浅薄的人才会以为自己的本事是充盈的，用张扬去凸显自己的价值。在漫长的职业生涯中，每个人都要懂得谦逊，既不妄自菲薄，也不妄自尊大，不断进取，用实力去证明自己，用恰当的方式展示自己，才会赢得别人的尊重，赢得事业上的成功。

想好大事，做好小事

在一次大型的行业交流会上，几个同行都跟一位较有名气的"大人物"交换了名片。坦白说，当时的场面有些混乱，聚在一起的人太多，交流空间仅限于自我介绍和简单的寒暄，难有深入性的沟通交流。

回到酒店，当我正准备把这张卡片上的信息整理到资料库里时，却意外收到了一封抄送给我的邮件。看到名字，我方才想起，那是其中的一位同行，以我们几个人的名义给那位"大人物"发了一封邮件，大致意思就是进一步的自我介绍，感谢他的热情相待，希望以后能够继续交流、加强合作。

那一刻，我除了感到震惊，还萌生了敬意。这位同行在业界也算是小有名气之人，人品和行事作风都有不错的口碑。我是第一次与之接触，没想到他竟然能够如此细心，将冰冷冷的名片变成活生生的人，让对方认识你、记住你。

这件事也引发了我的思考：其实，世上的事情没那么多巧合，许多人能够成功，一定有他成功的道理。就拿互赠名片来说，这本是一件很不起眼的小事，甚至只是多数人见面时的一个必要环节，可他却能用做大事的心态去对待。这样的人，哪有不成功的道理？

联想到职场，绝大多数人都身在平凡的岗位，做着普普通通的工作，可能每天接触到的事务都是重复的、烦琐的，正因为此，许多人都显得不耐烦、不满意，对这些事情不屑一顾，焦躁地等待着能被委以重任，早点尽显才华、实现抱负。

在这里，借用《没有任何借口》一书中的一段话："每个人所做的工作，都是由一件一件的小事构成的……所有的成功者，他们与我们都做着同样简单的小事，唯一的区别就是，他们从不认为他们所做的事是简单的。"这些话听起来平实无华，却意味深长。细想想，我们的人生不也是由诸多微不足道的小事构成的吗？

某天下午两点钟，新加坡一家大酒店的咖啡厅里来了四位客人，他们拿着资料，很严肃地在讨论问题。然而，从两点半开始，咖啡厅的客人陆续多了起来，声音也越来越嘈杂。一位女服务生碰巧走过那四位客人身边，听见其中的一人在大声说："什么？再说一遍，这里有点吵，听不太清楚。"

按理说，这件事与服务生是没多大关系的，毕竟咖啡厅里没有规定不让客人讲话，他们选择在这里谈事情，应当预料到会遇到人多嘈杂的情形。但是，这位服务生却对此事上了心，她想到了公司的宗旨：关心和服务于每一位顾客，顾客满意酒店才会盈利，这才算是真正尽到了自己的责任。于是，女服务生拿起电话找到客房部经理，询问有没有空房间，以便暂时借给这四位客人用一下。很快，客房部就免费提供了一间客房。

两天后，酒店的总经理收到了这四位客人写的一封感谢信——

"非常感谢贵酒店前天提供的服务，我们体会到了什么是世界上最好的服务，简直受宠若惊。拥有如此优秀的员工，是贵酒店的骄傲。我们四人是贵酒店的常客，从此，除了我们将永远成为贵酒店最忠实的顾客外，我们所属公司亦将永远为贵酒店广为宣传。"

一头雾水的总经理，了解了整件事情的来龙去脉后，对咖啡厅的那位女服务生的工作态度颇为满意。很快，那位女服务生就被提升为咖啡厅的主管。

打个电话给客房部，为客人找一处安静之所，以便洽谈业务。这样的事情，对咖啡厅的每个服务人员来说，都不过是举手之劳。可是，真正把这件事放在心上并主动去做的，却只有女服务生一个人。

这说明什么呢？智者善于以小见大，从平淡无奇的琐事中悟道。哪怕只是工作中琐碎的小事，他们也不会视其为负累，而是像对待大事一般去处理。无数的事实证明，正是那些看似无关紧要的小事，最终成为建立伟业的基础。

杰克·韦尔奇说过："一件简单的小事情，所反映出来的是一个人的抱负。工作中的一些细节，唯有那些心中装着大抱负的人能够发现，能够做对。"

真心希望，身在普通岗位上的每位员工，都能够记住这句忠告。不要敷衍应付工作中的每一件小事，只有用做大事的心态把别人不在意的小事做到最好的人，才能得到领导的赏识和提携，增加自己脱颖而出的砝码。

我看过一篇报道，说来自南京中医药大学的七名教授、博士、硕士在当地的一家洗浴中心给男女客人按摩、刮痧。消息一经传出，引起舆论一片哗然，许多人都在猜测：为什么白天在校园里讲授知识的学者们，晚上还要到洗浴中心工作？是不是工资太低了？是不是博士生都难找到工作？还是纯粹为了出名而作秀？

事情的真相，远没有舆论说的那么复杂。这七名高学历专业人士去洗浴中心工作，目的很单纯，就是为了通过实践提高自己的专业素质，积累经验，同时宣传中医学。

说实话，我对这些学者的学术精神和做法深感敬佩，现在有太多年轻的就业者们看不起基层环境，不屑于做基础的工作。他们自诩读了不少书，长了不少见识，心理上有一种优越感，稍微做了一点事就想着索取更多，对自己得到的愈发不满意。抱着这种心态，在职场混迹了几年，越想要的越得不到，怨怼抱怨的心理就出现了。

一位国有企业人事部的领导跟我聊天时说，现在的毕业生找工作，最看重的两点就是薪水和职位。当你问他们有没有考虑过从一些基础的工作做起时，多数情况下，你看到的都是一张张不屑的脸孔，似乎在说："谁愿意做这些事呀？我可是 ×× 校出来的，这些工作你应该找那些低学历的人去做……"

文凭不是自恃的资本，现如今大学教育已愈发成为一种平民教育，本科生、研究生越来越多，社会上劳动力的整体素质都在提高，所以高学历者从事一些基础性、服务性的工作也很正常。退一步说，有一份基础性的工作，总好过不工作，且无论给你什么样的岗位，日后的发展都要靠自己的努力，重要的是一定得摆正心态。

哲学家尼采说过："一棵树要长得更高，接受更多的光明，那么它的根

一心渴望成功、追求成功，成功却了无踪影；
甘于平淡，认真做好每一个细节，成功却不期而至

就必须更深入黑暗。"从某种意义上来说，人与树的生长历程是一样，想成就一番事业，心可以放在高处，但手一定要放在低处，从最基础的点滴做起，在现实中慢慢打磨和提升。

举个例子，你刚到用人单位，老板让你负责打印、复印、写通知、管档案等琐碎的工作，是为了让你熟悉公司的流程，适应新的环境，并不意味着你在这里就没有发展前途。你能把这些事情都做好，老板才会放心地交给你其他任务，这是一个循序渐进的过程。新人进入企业后必须接受具体实践的二次教育，来适应工作的流程、性质和特点。只有通过企业的重新塑造和个人的努力适应，才能使自己成为企业需要的人才。

就说联想集团原副总裁郭为吧，他刚进入联想时，是该集团最早一个拥有工商管理硕士学位的员工，但你知道他的第一份工作是什么吗？给领导开车门，拎皮箱，就是这样。干了很长一段时间后，才到一个只有5个人的公关公司做部门经理。紧接着，他又在业务部门、企划部门和财务部门干了六年，再到广东新建的基地学习盖厂房，再到香港负责投资事务。八年的时间里，他换了十个工作岗位。

职场做事，放平心态很重要。一个人的事业发展，应当是梯次进步、逐渐抬升的过程。在基层工作，做基础的工作，并不代表自己的价值被贬低了。只要你安心把每件事都做得到位、出色，会有更多的机会和重任等着你。最怕的就是，自恃能力高，总觉得做基础的工作太委屈，这山望着那山高，最后走上了频繁跳槽的路。

刚进入一个新的行业、新的领域，职业技能没有完全掌握住，尚处于不定型的阶段，此时一定要保持平和的心态，静下心来踏踏实实地学东西，让自己更充实。任何情况下，生活都不会辜负一个全力以赴、踏实努力的人。待你具备了丰富的经验、精湛的能力时，薪资待遇、晋升机会都会随之而来。不要问成功的路在何方，路，就在脚下！只要认真去走，前途必然是光明的。

认真当好配角

有一个年轻的小伙子到麦肯锡公司面试，他的简历和表现都很出色，一路过关斩将，一直冲到了终试。终试不再单独面向个人，而是小组面试。小伙子口齿伶俐，抢着发言，在他咄咄逼人的气势下，小组的其他成员根本没有说话的机会，连面试的考官都为之叹服。

面试结束后，小伙子沾沾自喜，对自己抢眼的表现很是满意。然而，等录取结果出来后，他却意外地落选了。麦肯锡的 HR 经理给出的理由是：个人能力很强，但从小组面试的表现看，缺乏团队合作精神，对公司的长远发展不利。

企业是一个整体，为了团体的利益，为了工作的完美，很多时候需要舍弃个人英雄主义。虽然工作是展示个人能力的平台，可作为企业中的一员，你的言行举止都当顾全大局，必要的时候甚至要甘当配角，对整个团队负责。千万不要错误地认为，这是埋没了自己的才干，事实上，我们所见证到的那些伟大，多数情况下都是属于团队的。

某公司有 6 名保安，经理决定从中选取一名作为队长。面对这个晋升机会，6 个人都不甘示弱，纷纷向经理自荐。有 3 个人在自荐时，为了凸显自己的优秀，竟说了其他同事的坏话，说某某总在上班时间打电话、闲聊，某某有抽烟、喝酒的不良嗜好，等等。最后，为了公平起见，经理决定用比赛的形式来选拔队长。

经理将这 6 个人分为 A 和 B 两组，每组 3 人，要求他们徒手翻过一堵

3米高的墙，墙的另一边已铺好安全垫，这个比赛只是测试一下他们的体能。哪一组先上去，哪一组就是赢家；接下来，获胜一组的3位成员进入下一轮比赛，最终的胜出者就是队长。

3米高的墙，不借助任何工具爬上去，对于普通人来说几乎是不可能的。更要命的是，经理给出的时间只有3分钟！怎么做才能翻过那堵墙呢？

A组的3个队员来到墙根下，一个叫刘峰的小伙子想都没想，直接蹲在了地上，对自己的两个同伴说："快点儿，你们踩着我的肩膀爬到墙头上，然后再拉我过去。"

"这……"同伴有些犹豫，不知是否可行。

"还等什么？快点呀……"

就这样，两个同伴踩着刘峰的肩膀，快速地爬上了墙头，然后分别伸出一只手，一起去拉刘峰，将他拉上了墙头。随后，3个人一起跳到了对面的垫子上。整个过程，他们用了2分40秒，顺利完成了任务。

距离A组30米的地方，B组的3个队员依然在争论，且声音越来越大。身材最高大的那位大声抗议道："凭什么让我当梯子，你们踩着我的肩膀上？不行！你们能保证上去之后，顺利把我也拉上去吗？"

"你不当梯子怎么办？我感冒了，浑身一点儿劲也没有。"另一位队员也在诉说理由。

"你感冒了？我怎么不知道！我这两天闹肚子，你们都看见了。"个子最矮的那人说。

就在3人争论不休的时候，经理走了过来，说："别争了，你们都不用当梯子了，时间已经过了。况且，A组的队员都翻过去了。"经理说完，径直走了。

待对A组的3人进行二次考核后，那位甘当梯子的小伙子刘峰，依靠着出色的能力与智慧，被任命为保安队长。宣布完结果后，经理又看了看B组的那3名队员，并没有直截了当地提出批评，而是讲了这样一个故事——

有个猎人在湖沼旁边张网捕鸟，不久后，很多鸟都飞入了网中。猎人很高兴，连忙收网，准备将鸟抓出来。没想到，那些鸟的力气很大，竟然带着网一起飞走了。

猎人在后面不停地追，途中遇到一位农夫，劝诫他说："别追了，你跑得再快，也追不上飞鸟啊！"猎人坚定地说："不，你不知道，如果网中有一只鸟，我就真的追不上了，可现在有很多鸟在里面，我一定能追到。"说完，他继续往前跑。

果然，到了黄昏时分，所有的鸟都想回巢。有的想回森林，有的想回湖边，有的想回草原，大家各奔东西，用力的方向不一样，无力带着网飞行了，于是就跟着网一起落地，被猎人活捉了。

故事讲完后，经理解释道："落网之初，鸟儿为了活命，一起往前飞，大家的目标是一致的，才得以逃脱。可是到了傍晚，众鸟各怀私念，合力为零，最终谁也没有逃过厄运。这说明什么呢？个人的前途与发展，和团队有着密不可分的关系。无论你是谁，身在什么样的职位，你都不无法在没有外援的情况下，独立实现你的所有目标，你需要同事、领导、下属的支持，没有他人的协助，谁也无法获得长久的成功。更重要的是，如果你不顾全大局，不愿意当配角，那么别人也会这样对待你。如此，你要成为主角的机会就更渺茫了。"

顾全大局，甘当配角，从表面上看自己似乎是遭受了损失，可从深层次来看，当配角的人同样也是赢家。因为，你的谦让、你的付出，使整个团队获得了更大的成功，整体的成功意味着个人的成功。所以，当团队需要你的时候，无论职位高低、权力大小，都请放下身段，去做自己该做的一切。如此，就算是配角，你也一样是不平凡的、值得尊敬的。

初出茅庐的 L 小姐在一家大型的广告公司做文员，整个公司里，其他同事都有专门的职责，如文案策划、设计师、客户执行、广告业务等，唯有她是一个做琐碎事务的人，辅助同事打印资料、录入文字、制作合同等。每次跟同事一起吃饭，听别人说起工作上的事，她都不好意思插嘴，总觉着自己做的工作没什么技术含量，怕同事说她班门弄斧。

有了这种想法后，L 小姐在工作上就不如开始时那样积极了，心里总是觉着自己是公司里可有可无的小人物，做得再好庆功会上也不会出现自己的名字，少了自己别的同事一样也能做那些事，不过就是多花点时间罢了。

当 L 小姐漫不经心地把这些想法告诉我时，我给她讲了一个主角与配角的故事。

一所小学准备排练一部叫作《圣诞前夜》的短话剧，告示一贴出，一个 10 岁的女孩就满怀热情地报名了。定角色那天，女孩回到家后一脸不悦，嘴唇紧闭。父母小心翼翼地问她："你被选上了吗？"女孩冷冷地挤出一个字："嗯。"

母亲不解，试探性地问："可我觉得，你好像并不怎么高兴啊？出了什么事吗？"

女孩说："因为我的角色！《圣诞前夜》里有四个角色，父亲、母亲、女儿和儿子，可他们偏偏让我去演一只狗。"说完，女孩就跑回了自己的房间，剩下父母两人面面相觑。对于女孩有幸出演"人类最忠实的朋友"，母亲不知是该恭喜她，还是该安慰她。

晚饭后，父亲和女孩谈了很久，但谁也没有透露谈话的具体内容。总之，女孩没有放弃，积极地投入到每次的排练中。见她排练回来，眼睛里闪着兴奋的光芒，周围有一些同学不解：一只狗有什么可排练的？她竟然还买了一副护膝。直到演出那天，同学们才真正理解了那光芒的含义。

短剧开始了。先出场的是"父亲",他在舞台正中的摇椅上坐下,召集全家讨论圣诞节的意义。接着,"母亲"出场了,面向观众坐下。然后是"女儿"和"儿子",分别跪在"父亲"两侧的地板上。在一家人的讨论声中,女孩穿着一套黄色的、毛茸茸的狗道具,手脚并用地爬进场。

这不是简单的爬,而是蹦蹦跳跳、摇头摆尾地跑进客厅。她先在小地毯上伸了一个懒腰,然后在壁炉前安顿下来,开始呼呼大睡,一连串的动作惟妙惟肖。许多观众注意到了,四周传来轻轻的笑声。

接下来,"父亲"开始给全家讲圣诞节的故事。他刚说到"圣诞前夜,万籁俱寂,就连老鼠……"的时候,"小狗"突然从睡梦中惊醒,机警地四下张望,仿佛在说:"老鼠?哪儿有老鼠?"神情就像现实中的小狗一样,让底下的观众再次露出了笑颜。

"父亲"继续讲:"突然,轻微的响声从屋顶传来……"昏昏欲睡的"小狗"再一次惊醒,好像察觉到了异样,仰视屋顶,喉咙里发出呜呜的声音。这时候,观众们已经不再注意主角们的对白,几百双眼睛全都被"小狗"吸引了。

由于"小狗"的位置靠后,其他演员又是面向观众坐着,所以观众能够看到"小狗",其他演员却无法看到她的一举一动。他们的对话还在进行,女孩的幽默表演也在继续,台下的笑声此起彼伏。

那天晚上,女孩的角色没有一句台词,却抢了整场戏。演出结束后,母亲问女孩:"现在能告诉我,你和爸爸的谈话内容了吗?"女孩笑笑,说:"爸爸告诉我,如果你用演主角的态度去演一只狗,狗也会成为主角。"

讲完这个故事后,我对 L 小姐说:"配角之所以是配角,不是因为其他的,是因为演员自己把它当成了配角来演。你现在是公司里最渺小的一员,但如果你把自己当成主角来演,把自己的工作当成最重要的事来做,那么你就是主角。"

企业就像是一台机器，由成千上万个零件组成，核心部件发动机固然重要，可每一颗小小的螺丝钉也不容小觑，一颗螺丝钉发生了松动，都可能影响整台机器的运转。如果碰巧，此刻的你刚好就是企业里的一颗螺丝钉，那么你首先要摆正自己的心态，清楚你的存在对企业的重要性。唯有这样，你才会坚定地守住自己的位置，在这个位置上闪闪发光。

我希望透过这些人的经历，能让每一位普通的员工明白一个道理：在职场的舞台上，没有小角色，只有小演员。如果你用配角的心态去演绎自己的人生，那你注定只是一个不受人关注的配角；如果你用主角的心态倾力真情出演，那么就算是一个小配角，也能演出主角的风采；只有演好了"小角色"，才能成为"大演员"。

练好内功，蓄势待发

K大学毕业后去了海外发展，不过独自在异国他乡的日子并不好过，工作上的不顺、生活上的孤单，让他一度陷入了低迷中，内心充满了不平衡感。当时，他只是轻描淡写地跟我说了一下情况，之后就像人间蒸发了一样，再无音信。等他再度联络我时，已是两年以后。而那时的他，早已脱胎换骨，重现光彩。

"这期间到底发生了什么？"我忍不住追问。K告诉我，他在最低迷的日子里，不想跟任何人联络，只想封闭起来。想着自己读了那么多年书，又远赴大洋彼岸，在国内的亲友看来一定能有不错的发展，可现实并没有给他想要的一切。

庆幸的是，一位美国朋友没有抛弃他，在K低迷了几个月后，他邀请K去自己的家乡散心。这位美国男孩的父亲是一个老渔民，在海上打了几十年的鱼，K有幸跟着他的渔船出了一次海。正是那次出海，彻底改变了K。

"海上的风浪很大，我甚至产生了一丝恐惧。看到皮肤黝黑的老人从容不迫的样子，我打心眼里佩服。"说这话时，K的眼睛里透着一股坚定。他问老人，每天要打多少鱼？老人说："打多少鱼不重要，只要不是空手回来就可以了。"

这句话不禁引起了K的深思：是啊，无论做什么，只要不是空着手，多少都是收获。眼前的情景让他想起了海明威的《老人与海》，他突然想听听这位跟海打了几十年交道的人对大海的看法。

老人说："海很伟大，滋养了那么多的生灵。"接着，他反问K："你知道海为什么会有这样的魔力吗？"K不敢贸然接茬，老人说："海能够装那么多水，因为它的位置最低。"

K望着碧蓝的、起伏的大海，在心里反复咀嚼老人的话，突然明白了，海的伟大，在于它的位置最低；老人知足常乐、从容不迫，也因为他把位置放得很低。想到自己，之所以有那么多的不满和痛苦，是把自己放得太高了，总以为有点优势就一定要高居人上，不肯接受平淡的现状。

在朋友家度过了半月，K收拾好心情，重返城市去找工作。他把自己的位置放低，告诉自己："我就是一个普普通通的研究生，我需要在工作中锤炼自己。"很快，就有一家贸易公司录用了他，他脚踏实地地做了一个小职员，待站稳脚跟后，一步步地攀登更高的目标。两年后，也就是我再次得知他的消息时，他已是部门里的一个小主管了。也许，这个职位并不算太高，但它至少证明了一点：K摆正了自己的心态，找到了自己的位置。对他来说，这不是最终的结果，只是一个开始。

我经常会跟年轻的员工们讲，很多高贵的品质都是由低就的行为达成的，想要高成，须得低就。这个定律适用于所有人，就是那些已经站在人生金字塔塔尖的人，你若去研究他的经历，就会发现他也有过坎坷和屈辱，只是他没有被现实打败，肯在该蹲下来的时候放下身段，默默地去付出更多的努力，一步步走向人生的制高点。

离我住处不远的地方有一家高尔夫俱乐部，负责人姓陈，早在他还是某俱乐部的业务员时，我们就认识了。生活中我一直称呼他老陈，其实老陈并不老，今年才刚满 40 岁。

老陈原是一所理工学院的英语教师，说话幽默，学生们都挺喜欢他的课。后来，有些准备出国的学生提出让他做辅导，他索性就办了一个业余的培训班。那几年，老陈赚了点钱，也开阔了眼界，他想趁年轻干点属于自己的事业，就索性离开了工作六年的校园。

很快，老陈在一家俱乐部找到了工作，当时的俱乐部多是会员制，必须要大力发展会员才能出业绩，而他的任务很简单，就是售卡。人生地不熟的老陈，没有人脉网可用，他唯一能用的办法的就是——扫楼。

什么叫"扫楼"？就是去写字楼里一家家地跑，一家一家地问，努力去找经理以上的高级管理人员，最好是总裁，毕竟普通白领难以承受价格不菲的会员卡。老陈的生活发生了颠覆性的变化，他不再是人见人尊的讲师，而是一个总遭拒绝的推销员，心理的落差感难以名状，他甚至开始对自己的选择表示怀疑。

有朋友问他"扫楼"的事，说是不是很威风？他听后，有种想哭的冲动。他至今还记得"扫楼"之初的那份艰辛，最累的时候一天跑了 7 栋写字楼，58 家公司，晚上到家都有一种要散架的感觉，他那时才想起来自己已有 12 个小时没喝过水了。

渐渐地，老陈发现"扫楼"也是有好处的。大约四个月后，老陈开始出现在俱乐部召开的各种酒会上，出席酒会的人大都是一些事业有成的人士。置身于这样的环境里，他发现那些冷若冰霜的面孔不见了，冷言冷语也少了，他一下子就放开了自己，知道跟对方聊些什么最能拉近距离。他的语言、他的讲解，变得生动有趣，似乎带着一种难以抗拒的感染力。尤其是在一次专为外国客人举办的酒会上，他凭借一口流利的英语，成为酒会中的活跃分子，并一下子推销出去六张卡。当天的提成，就接近两万元。

自那以后，他又在其他几个俱乐部工作过。直到五年前，他终于在一家俱乐部"安营扎寨"，不用再去"扫楼"了，就算是参加酒会，也无须去费尽口舌推销会员卡了。有着良好学历、敬业精神和出色业绩的他，已经坐到了俱乐部副总裁的位置。

每次说起老陈的事，我都不禁会提醒那些心高气傲、不甘平凡的年轻人：若没有当年的"低人一等"，哪里会有后来的"高人一筹"？想跳得更高，不妨先蹲下来，这不是认输，而是积蓄能量的过程，是成功之前的铺垫。

一个成熟的企业看重的是结果，谁能够做出成绩，谁就是最值得重用的人才。从这一点上来说，学历背景、从业经历并不是很重要。以杨某来说，老板对你寄予的期望很高，但你的工作表现并未达到他的预期，可想而知心理落差有多大。你只是新人，经验不足，却处处轻视那些只在学历上不如自己的前辈们。事实上呢？如果静下心来去比较，未必不会发现同事身上有值得自己学习的地方。

女生小张原是某高校文秘专业的高才生，形象好、气质佳，性格也很随和。参加工作后，单位里的同事都很喜欢她，她与大家相处得也不错。在工作方面，领导有意让小张尝试接触更多的事情，在每次安排任务时都会好心询问："这个你会做吗？"对此，她总是说"会"，可最终的结果却总是让领导失望。

有一次，领导让小张撰写一份通告，结果她写出来的格式完全不对，也没抓住重点。领导告诉她，如果对文书的写作把握不好，可以去问问人事经理，她以前负责过这方面的工作。之后，领导又让她写过邀请函、通知等文书，可每次交上来的东西都跟要求相差很多。

私底下，领导跟人事部的主管说："我告诉过她，如果不会可以问问你，你肯定会指导她。总是这样不懂装懂，不仅耽误工作，自己也不会有进步。"最后，小张被公司从秘书的岗位调到了前台。

每个人都不是万能的，总会有擅长和不擅长的东西，这是再正常不过的事。遇到不懂的事情，不会使用的仪器设备，大可向周围人求教，无须遮遮掩掩，更用不着不懂装懂。要知道，有些不足是掩盖不了的，比如语言表达能力、分析解决问题的能力，也许在短期内你能够掩盖某些缺陷，但若不下意识地去培养和提高，总有一天会被人看穿。

职场不怕你不会，就怕你不学。能力是可以锻炼出来的，只要你肯放下姿态，虚心请教，总会有人对你伸出援手。这没什么不好意思的，也谈不上有损面子。回想一下：从我们呱呱坠地到长大成人，几乎所有的事情都是靠学习和模仿得来的，不是吗？

我常常跟员工们讲，人当有"归零心态"。无论你是新人，还是有丰富的工作经验，进入新的行业、新的领域，就要有从零做起的心态，放下架子，保持谦逊的态度，充分尊重同事的意见，无论对方年龄大小，只要比自己更懂行业知识，就当予以尊重。只有这样，才能够把自己变成一块吸水的海绵，不断吸收有价值的东西，全面地提升自己。

对于自身的不足，发现了就要承认，不要担心被人看不起或遭受批评，那样做等于放弃和拒绝进步的机会。虚荣是最要不得的东西，你要知道，所有的领导者都是阅人无数的过来人，他们不会太在乎你的毕业院校多知名，也不会太在意你名片上印的头衔，他们要的永远是真才实学。与其用各种耀眼的头衔标榜自己，却因为工作低能而招致怀疑的目光，还不如用虚心学习来赢得肯定。

坚守自我，不忘初心

我曾参加过一次和大学生的交流会，当时问过在场学生这样一个话题："有多少人现在读的专业，是自己当初想学的？有多少人还记得，自己年少时的梦想？"虽说都是年轻的学子，可听到的回答，还是让人不禁生出一些沧桑感。

是的，很多人在成长的路上，都忘记了自己当初的梦想。大学只是一个开始，步入社会参加工作后，能够有始有终去完成自己梦想的人，就更是寥寥无几了。坚持初心，不是一件简单的事，要承受生存的辛苦、舆论的压力、诱惑的干扰、失败的撞击，谈何容易？

然而，也有一少部分人，无论生活如何艰险，环境如何不堪，他们始终选择咽着苦涩，朝着梦想向前。正因有了他们的坚持，才有了世间的一个个传奇。

1510 年，柏里斯出生在法国南部，成年后的他继承父业，从事玻璃制造。

偶然的一天，柏里斯看到一只产自意大利的精致彩陶茶杯，被深深地吸引住了。当时，法国还尚未有人生产意大利彩陶，都只是做一些粗糙的坛子。望着眼前这只精美的彩陶杯，柏里斯萌生了一个念头：既然他们能制造出来，我也能！

他建造了窑炉，开始烧制。可惜，情况并不乐观，他忙活了几年也没有烧制出彩陶，反倒让生活陷入拮据。为了养家糊口，他不得不重操旧业，但他并没有放弃最初的想法。在赚到了钱之后，他又开始了实验，结果再次遭遇滑铁卢。此后连续几年，柏里斯不断重复着这样的生活模式，赚钱买材料、做试验，只是都没能成功。

一次又一次的失败，让周围的人给柏里斯贴上了各种贬义的标签，家里人埋怨他不务正业，邻居们笑他是傻瓜。对这一切，柏里斯没有辩解，只是默默地承受着。镇上的一位小老板很同情柏里斯的处境，主动资助他全家六个月的生活费用，让他心无旁骛地再试半年。

精心准备了三个月后，试验开始了，柏里斯专注地守在炉旁，整整一周都没有脱衣服。精力体力上的消耗，失败的长期折磨，周围人的评头论足，各种担心忧虑，以及漫长的等待，让柏里斯几近崩溃。可就在这时，燃料偏偏不够了，怎么办呢？无论如何也不能让火停下来，柏里斯焦急地想着对策。

他看到院子里的木栅栏，想都没想就开始拆，但这些木头也只够烧一天。情急的柏里斯把所有的家具都劈开，扔进了炉子里。妻儿们被柏里斯的举动吓坏了，撕心裂肺地哭了起来，人们都说柏里斯疯了。

他没有疯。当他沉浸在最后一道火力让试验获得成功的时候，他忘记了所有的疲劳，带着喜悦的笑容做好出炉的准备。可谁会想到，当一切就绪的时候，炉内突然发出了"嘭"的一声响，不知道是什么东西爆炸了，所有的产品都被蒙上了黑点，成了残次品。

有人想出资买这些次品，柏里斯不肯卖，挥起棒子将它们打个粉碎。镇上小老板资助的期限已到，全家人又陷入了没饭吃的境地。走到这一步，柏里斯也很受挫，历经千辛万苦，眼看着唾手可得的东西，瞬间毁于一旦，这种心情绝非是语言可以形容的，这真的能把人逼疯。

柏里斯挺住了，一番沉思后，他又一次重操旧业养家糊口。一年后，柏里斯恢复了元气，也攒了一些钱，他又走上了试验之路。就在这一年，他成功了！他的产品被当作稀世珍品，价值连城，艺术家们争相收藏。他烧制的彩陶瓦，至今还在法国保留下来的古老建筑上散发着耀眼的光芒。

16 年的艰辛和等待，16 年的尝试和失败，人生有多少个 16 年？又有多少人能在饱经失败的打击后还有勇气去坚持最初的理想？柏里斯做到了，16 次的失败并未让他怀疑自己、放弃自己，靠着这份坚毅他最终创造出了奇迹。

若说柏里斯的年代离我们太远，那么现代的一些独具匠心者依然值得我们尊崇和学习，譬如《大国工匠》里讲到的一位手艺人——捞纸大师周东红。

国画大家李可染说过："没有好的宣纸，就做不出传世的好国画。"一张宣纸从投料到成纸，需要一百多道工序，决定宣纸成败的就是捞纸这道工序。周东红作为一名捞纸工，深得国内诸多著名书画家的认可与称赞，都点名要他做的宣纸。

什么是"捞纸"？就是两个人抬着纸帘在水槽里左右晃动，一张湿润的宣纸就有了雏形，整个过程不过十几秒。可，宣纸的好坏、薄厚、纹理，全在这一"捞"上。

提起这道工序来，周东红解释说："这叫一帘水靠身，二帘水破心。"双手要摆在水面上，不能动，像绳子一样吊着，然后整个手抬起来 45 度，抬得齐肩那么高，从正中间下手，用双手舀水往前走大概十五厘米左右。周东红和他的搭档们，每天要重复这一捞纸动作 1000 多次。

做成的每刀宣纸的重量，上下误差不能超过 1 克。三十年来，周东红每年要捞 30 万张左右的纸，每一刀纸误差都不超过这个范围，没有不合格的。如今，他已经是当地出了名的捞纸大师。

这样的精湛手艺，不是一蹴而就的。周东红刚刚进厂的时候，险些放弃了这个工作，因为当时他跟另一个同事起早贪黑地干了一个月，竟然连任务都没完成，信心大大受挫。不过，周东红是个要强的人，想着自己好不容易从一个农民变成了国有企业的技术工人，在亲友眼里也是有出息的人，若是就这样辞掉工作，拿什么脸面去见人？

自那以后，他开始静下心来拜师学艺，勤学苦练。那时候，他每天都会提早起床练习捞纸，冬天把手伸到冰冷刺骨的水里，就算长了冻疮也要继续。妻子说，他有时候凌晨两点就起来去捞纸，一直捞到下午五六点钟才下班。

一开始，周东红从事捞纸工作是为了生计，但这么多年过去，他已经慢慢爱上了这一张张宣纸。如今考虑的不是赚钱，而是如何把这门手艺传承下去。跟他学艺的徒弟有不少，但最终能忍受单调枯燥、起早贪黑之辛苦的，屈指可数。

宣纸是老祖宗留下的东西，有1500多年的历史，一张宣纸从投料到成纸需要三百多天，十八个环节，一百多道工序。现在做这行的人越来越老，而愿意学的人却越来越少。周东红能够坚持到现在，内心也有一种荣誉感。他说，自己只是知道要做好一件事，就必须勤学苦练。这个时代需要的就是不浮不躁、踏踏实实的实干家，周东红在传统技艺上的精益求精和极致追求，就是最好的体现。

我经常在培训或开会时，提到一个观点：每个人的成功是不同的，到达成功彼岸的时间也是不同的。成功的路径是慢慢摸索的过程，但前提是你必须走在自己的主线上，不能乱了阵脚和方向。临渊羡鱼，被别人的光环吸引而忘了自己的优势，往往是不幸的开始。

其实，看到别人的成功，出现一些心理波动也是正常的，毕竟人人都渴望实现个人价值最大化。但有一点要清楚，你可以被成功所激励，但不能被它扰乱步伐。每个人都有自己成功的途径，要靠自己去付出、去探索。倘若总是偏离自我而试图成为别人，或是试图表现其他人而扭曲真实的自己，那么模仿的程度越大，失败的可能性越大。

为什么那些大匠能够在自己从事的领域内做到极致？原因就是，他们都有着强烈的个性，敢于用自己的思想去尝试新方法，坚持自我而不盲目效仿，所以他们创造出来的作品，才是独具匠心、与众不同的。

相比而言，总随着别人的轨迹前进，因循守旧、不懂创新的人，往往都缺乏创造力和成长的活力。这样的例子有很多，一些年轻人进入了父辈的工厂或公司后，原来的那些灵感和创造力逐渐萎缩，因为那里的一切都有了固定的模式，他们只要照做就行了，结果在这种追随和模仿下，就丧失了个性。

对刚刚进入某一领域的新人来说，前辈的方法是可以借鉴的，但你依然还要保持一种创造的动力，要坚持去做有自己风格的东西。不要害怕展示自己，要努力寻求改变，做一个有思想的工匠，这样你才能够找寻到自己的位置。

在事业方面，如何才能坚守自己呢？

1. 不要因冲动轻易离职转行

机遇和奉献永远都是并存的，放弃始终是一种失去，倘若在放弃后无法得到想要的，那必然会造成职业生涯的步伐凌乱，让成功的道路更曲折。客观上的震荡无可避免，但主观上尽量不要制造地震，无论深造还是创业，都要从自己最熟悉的领域做起，才更容易成功。

2. 试着去爱上你的工作

离成功最近的一条路，不是模仿，而是热爱。当你喜欢上自己的工作，你才会感到快乐，才更容易坚持。有句话说，隔行如隔山，倘若把之前所有的一切都清零，完全从头开始，这就存在一个机会成本的问题。有时候，想象得很好，但过程中的艰难却会磨灭激情，苦不堪言。所以，与其不停地换地方挖井，不如在现有的地方深挖下去。

3. 低潮时不放弃自我完善

越是默默无闻的时候，越应当珍惜时光，钻研技术、积累知识，不断完善和提升自己。一旦有机会了，才能够顺利抓住，成功反弹。

4. 用积极的心态去工作

用积极的心态去工作，把目光投向事物的光明面，用希望代替失望，用积极代替消极，用自信代替怀疑，当你心中充斥着各种美好的事物时，你会获得一种前所未有的力量，它足以支撑你战胜工作中所有的障碍。理想和现实之间有一段长长的距离，但要实现连接，却不止一条路。别人的成功是慢慢摸索的结果，而我们也当秉承自己的信念，去寻找最适合自己的方向和道路。匠人的坚守，不只是一份兢兢业业的努力，还有对目标矢志不移的认定。成功的路不存在捷径，别人的成功也无法复制，循着自己的心去找路，争取属于自己的辉煌。

第六章

‖

"初心" 之奋斗——幸福是奋斗出来的

勤能补拙，笨鸟先飞

每个人都渴望不平凡，期待着能在工作中出类拔萃，或是成为某个领域内的专家型人物，可现实中，却不是每个人都在为这份心愿尽其所能地付出着。在我接触的一些员工中，有很大一部分人并不肯承认这一点，而是习惯把完不成任务、做不好工作、达不成心愿的原因归结于"笨"。

一个半年多没有出过单的业务员，垂头丧气地抱怨说："唉，我嘴巴太笨了，不会说话，每次去拜访客户都吃闭门羹。有时，客户提出的一些公司无法满足的条件，我也不知道该怎么拒绝。也许我真的不太合适做销售。"

另一位做前台的女孩跟我提到："我也想学点专业性的技能，对今后的职业发展很有帮助。我试着买了一些财务方面的教材，可是一看到数字就觉得头大，真怀疑自己能否做这样的工作。后来，我看朋友做速记也不错，就跟她学了一段时间，那些略码太难背了，有时就算记住了，打出来的字还是有很高的错误率。后来，公司事情多，连续加了几次班，就把这个事情给搁下了……现在，还是想学点东西，但不知道能学什么。"

我没有告诉那个业务员，曾几何时我也是一个连讲话都会脸红的人，但如今我却能当着千百人的面落落大方地说话，这期间我用了三年的时间研究说话的艺术，每天不间断地练习。我也没有告诉那个前台女孩，要成为某个领域的专家，按每天工作 8 小时、一周工作 5 天计算，至少需要五年的时间。

这个世界上没有笨人，也没有学不会的东西，只有不肯下功夫的懒人。

360 的董事长周鸿祎说过，要成为一个合格的程序员，至少要写 10 万到 15 万行以上的代码。如果连这个量级的代码都没有达到，就说明你根本不会写程序。在学校里学的那点东西，写的那几千行代码的课程设计，根本不算什么。

他也坦言，自己在做编程的时候，比谁都坐得住。别人顶多编两三个小时就得出去透透风、吸根烟，可他坐在那里除了吃饭、喝水，可以十个小时一动不动。编程的时候，如果有人在旁边玩游戏、看电影，他可以做到熟视无睹。

所以，很多人看到的可能只是别人成功的一面，感叹着别人的才能与智慧，却没有看到他们为成功做出的积累。这就好比一个人吃饭，吃到第三碗饭的时候终于觉得饱了，别人就开始琢磨，是不是这第三碗饭有什么特别之处？为什么吃了它就会饱了呢？他们根本不知道，其实人家前面还吃了两碗饭，这才是不容忽视的关键。

职场是一个充满竞争的地方，但不是所有人都站在同一起跑线上，这是我们必须承认的事实。有的人天资聪颖，基础好，学习能力强；有的人起点较低，基础知识薄弱，可这并不意味着，后者会永远落后于前者。一个人在事业上的成功，深受环境、机遇、学识等外部因素的影响，但自身的勤奋与努力更重要。若是总放任自己偷懒，不肯付出努力，就算是天资奇佳的雄鹰，也只能空振双翅；若是勤恳不懈怠，就算是行动迟缓的蜗牛，也能雄踞塔顶。

我认识一位年轻的保险业务员，个子不高，相貌也不太出众，这些不足之处严重影响了他给客户的第一印象，也让他的销售业绩一度陷入低迷的状态。值得肯定的是，这个小伙子非常乐观，他心想：既然我在外表上存在劣势，那就比别人勤快点儿吧！

为了争取成为销售组的冠军，他把大部分的精力都投入到了工作中。早晨 5 点钟起床，查看当天要拜访的客户资料；8 点钟给客户打电话，确定访问时间；8点半一定就在去往拜访客户的路上；下午6点钟下班回家；晚上8点后总结一天的拜访情况，找出最有可能成交的潜在客户。周一到周五他基本上都是这样度过的，力求不落后于人；到了周末，别人休息的时候，只要客户允许，他依然会出现在客户面前。

靠着这份勤奋和热忱，他赢得了客户的肯定，许多客户还介绍了朋友过来，这使得他的业绩越来越好，一步步走上了销售小组冠军、季度销售冠军和年度销售冠军的位子。现如今，这个貌不惊人的小伙子，已是这家保险公司的中层了，我也是他的客户之一。

不是只有天赋过人才能取得成绩，资历一般却勤奋踏实、从不偷懒的人，也可以达到令人瞩目的高度。就像一个优秀的业务员，口才未必是最出色的，可他一定比其他业务员每天多拜访几个客户；一个技术精湛的工程师，学历未必是最高的，可他一定花了更多的时间研究设备和相关的资料。

一位我非常尊敬的经济学家，平时研究讲学已极其繁忙，还身兼多家机构的顾问之职，可即便如此，他在最近的两年里竟然独自出版了四本书。后来他告诉我，为了工作，他每天只睡6个小时。可见，再怎么有才华的人，想成就事业，也要付出常人难以想象的代价。至于偷懒？那是绝对不被允许存在的。

当你想去学点什么或是提升某方面的能力时，不要总强调各种客观原因的障碍。一个人若真想做成一件事，总能够找到办法；若不想做一件事，总能够找到借口。拿出你的勤奋和努力，打败懒惰和放任，自律会使你成为一个更有毅力、更优秀的人。

许多人看到别人成功时，总喜欢用机遇、天才、聪明等光环去渲染，言外之意是有了与之一样的条件和机会，每个人都能摆脱平庸。我不否认人有天赋之别，但天赋不是万能的，少年天才最终一事无成的先例是有的，没把天赋用在正经之处的人也比比皆是。与这样的观点相比，我更相信这一真理："聪明在于勤奋，天才在于积累。"

曾国藩算得上是晚清中兴四大名臣之首，但其年幼时天赋并不高。一日，他在家中读书，对一篇文章重复多遍，却始终背不下来。这时，他家中来了一个窃贼，躲在屋檐下，想等曾国藩睡去后再偷东西。可是，左等右等，就是不见他睡觉，一直翻来覆去读那篇文章。

窃贼忍无可忍，跳出来说："你这水平还读什么书？"接着，窃贼把那篇文章背诵了一遍，扬长而去。曾国藩心想："这贼的记性可真好，只听过几遍就能背下来，只可惜，他没把天赋用在做正事上。我天赋不高，只能以勤为径了。"此后，曾国藩更加勤奋，虚心求教、博采众长，不因平庸而懈其志。他不是天才军事家，但却是一个成功的军事家。

世界文豪巴尔扎克，也是勤能补拙有成者之一。

某天，一位年逾古稀的老妇人，拿着一本旧作文本问巴尔扎克："大作家，您给我瞧瞧，这小子有没有天赋，将来是不是当作家的料？"巴尔扎克接过来看了看，说："嗯，他天赋不高，灵气不足，凭这当作家很难。"

老妇人一听，笑道："好呀，我以为你们当作家的什么都懂，没想到，你竟然连自己30多年前的小学作文都看不出来，太可笑了！"巴尔扎克笑了，回应道："我没说错呀！我能够有今天，全靠苦熬苦写，并不是凭借天才和灵气啊！"

英国哲学家休谟曾告诫世人："横溢的天赋犹如沃土，如果不加耕耘，则只能产生莠草，而不产葡萄或橄榄供人享用。"这里说的耕耘，就是指勤奋。无论天赋如何，若少了勤奋，不可能走向成功。

作为平凡的工作者，我们都有这样那样的不足，或是因出身环境未曾接受过良好的教育，或因身体的某些缺陷异于他人，或是在经验和能力上有所欠缺……但是不要紧，只要你勤奋刻苦，尽心弥补不足，成功的门一样会朝你敞开。

任何一家单位都需要勤奋进取的员工，懒惰的人是绝对不可能被任用或重用的。我曾在某公司的走廊里看到过这样一行标语，说得恰如其分："如果你有智慧，请你贡献智慧；如果你没有智慧，请你贡献汗水；如果两样你都不贡献，请你离开公司。"

没学历、没经验、没技能，真的不可怕。摩托罗拉大中华区的前任 HR 总监曾表示："员工在试用期期间，公司不仅从业务能力方面考察他们的工作能力，更要看他们在工作中是否愿意踏踏实实勤恳工作。对于应届毕业生，我们也同样欢迎，只要他们具备基本的素质，特别是有勤奋工作的愿望，这些足以弥补经验上的欠缺。一个勤奋工作、喜欢工作的人，即使在能力方面有所欠缺，也会逐步成长和完善起来，我们更喜欢笨鸟先飞的释放效应。"

北大教授季羡林先生在回顾七八十年之经验时，总结出了一个关于成功的公式：成功 = 勤奋 + 天资 + 机遇。他说，天资是由"天"定的，我们无能为力；机遇是不期而来的，我们也无能为力；只有勤奋，完全由我们自己决定，所以我们必须在这一项上狠下功夫。

天道酬勤，勤奋是成就事业的敲门砖。不管你是天赋过人，还是资质平庸，都不要以此束缚自己，不要画地为牢。在你的字典里加上"勤奋"二字吧！它足以让平凡变伟大，让平庸变卓越。

用心是一种态度

多年前，美国掀起了石油开发热。一个雄心勃勃的年轻人来到了采油区，刚开始时，他的工作是检查石油罐是否自动焊接完好，以确保石油能够安全储存。由于焊接的工作是自动操作，为了保证安全，检查就成了不可缺少的一道程序。

每天，年轻人都会上百次地监视机器的同一套动作：先是石油罐通过输送带被移送至旋转台，然后焊接剂自动滴下，沿着盖子旋转一周，最后油罐下线入库。他的任务就是监控这道工序，从早到晚检查几百个石油罐，日复一日。

时间久了，年轻人产生了不平衡感："我那么富有创造性，怎么只能做这样的工作呢？"想到这些，他就去找主管，请求调换岗位。没想到，主管听完他的要求，很冷漠地说了一句："要干就好好干，要不干就走人。"一瞬间，年轻人涨红了脸。

回来后，他突然有了一个想法：我不是很有创造性吗？那我能不能在这个平凡的岗位上把工作做得更好呢？之后，他开始仔细查看机器重复的动作，果然发现了一个有意思的细节：罐子旋转一周，焊接剂就会滴落39滴，但总会有一两滴没能起到作用。如果能把焊接剂减少一两滴，能够节省多少开支呢？

经过一番研究，年轻人最终研制出了"37滴型"焊接机。然而，用这种机器焊接石油罐依然存在着漏油的问题。他继续琢磨，很快又研制了"38滴型"焊接机。这次的发明，不仅解决了漏油的问题，同时每焊接一个石油罐盖还能为公司节省一滴焊接剂。一年下来，为公司节省了很大的一笔开支。

多年后，这个年轻人成了石油大亨，他就是约翰·D·洛克菲勒。

戴尔·卡耐基说过："即使对于看似渺小的工作也要尽最大的努力。每一次的征服都会使你变得更强大。如果你用心将渺小的工作做好，伟大的工作往往就会水到渠成。"

英国爆发经济危机期间，许多毕业生都找不到工作，鲍勃和比尔就是庞大待业队伍中的一员。为了生活，他们只得降低要求，到一家工厂求职。刚好，这家工厂需要两个后勤人员，问他们是否愿意干？两人想了想，接受了这份工作，毕竟谁也不愿意靠社会救济金生活。

入职后，他们才知道，所谓的后勤工作，其实就是打扫卫生。鲍勃打心眼里看不起这份工作，但他还是留下来做了一段时间，工作懒散，敷衍了事。老板认为鲍勃是新人，缺乏锻炼，又恰逢经济危机，很同情他的遭遇，也就没多说。然而，鲍勃对这份工作依然充满了抵触的情绪，每天都在应付。干满三个月，鲍勃毅然选择了辞职，开始重新找工作。只是，当时很多企业都在裁员，没有经验和资历的他屡屡碰壁，最后只能再度依靠救济金生活。

比尔的想法不同，他放下了大学生的架子，就把自己当成一名打扫卫生的后勤人员，每天都把办公楼的走廊、车间、场地收拾得干净整洁。见他做事勤勤恳恳，半年后，老板让他跟随一个高级技工学徒。由于认真肯干，比尔一年后就成了一名技工，此时的他依然抱着一份积极的态度，负责地去做任何一件事。两年后，经济危机的局面发生了改观，比尔也顺利晋升为老板的助理。

每个人都渴望成为人群中的佼佼者，企业里的精英人物，但并不是谁刚刚踏入社会、进入一个新的企业，就能够如愿以偿的。也许，最初的那段时间里，你会被安排做一些看似不起眼的、简单的小事，但是无论如何，你都不要忽视它们。要知道，在老板眼里，任何一个职位都不是可有可无的，一个连渺小的任务都难以出色完成的员工，很难值得信任。想出类拔萃，眼高手低是最愚蠢的，只有将自己负责的每件事情都尽力做到最好，才是获得赏识和重视的捷径。

我身边就有这样一位交警，从二十出头就奋斗在一线，在那块小小的

"岗位"上站了十几年。他从来都是笑对自己的工作，每天都尽职尽责。不管夏天多热，冬天多冷，他都不会擅离职守。他珍爱自己的生命，也珍爱行人的生命。附近的居民跟他很熟悉，有他在的地方，大家都会觉得多一分安心。

试问：谁是最值得尊敬的人？就是那些兢兢业业，对自己的本职工作尽心尽力的人，就是那些不以事小而不为、把简单的事做到不简单的人。当你把这种意识装进心底，并付诸行动的时候，你就是一个不简单的成功者了。

从业多年来，我接触过不少优秀的年轻人，但也见过不少在工作中迷失的人。

去年，一位私营企业的老总找到我，谈到了员工心态的问题，想让我去做一场培训。那段时间，我们公司刚刚辞退了一名研究生学历的技术型员工，而原因就是态度的问题。

技术员 W 是去年六月份入职的，他是北京一所知名高校的研究生，非常聪明，头脑转得也很快。面试的时候，公司的领导都很看好他，觉得是一个可塑之才。毕竟，论学历、论能力，W 都算得上佼佼者。可是，随着接触的深入，我们却发现事情不像表面看上去那么简单，情势发展也不太理想。

机灵的 W，领悟能力快，但很喜欢耍小聪明。有些事情他明明可以做到 100 分，却总是做到 60 分就停止了，有时甚至依仗着自己的聪明随便糊弄，游走在合格与不合格的边缘。依照他的能力，若是多花点心思，完全能有更好的成功，可他却敷衍了事，得过且过。来到技术部三个月，从来没有主动去工作，也没有认真领悟总监的意思，安排什么就做什么，做到差不多就交差。

到了年底，技术部门分红，看到同事拿的奖金比自己多时，W 按捺不住了。他主动找到领导，提出加薪的请求，说论学历和能力，自己并不差，而同事只不过是早来了几年，这样来评定奖金不公平。总监当时没有做出回应，但事后将其情况呈报给老总。

结果，老总非但没有同意给 W 加薪，反而直接提出要将其辞退。当时，老总说了这样的话："一个员工有没有能力是回事，肯不肯去干是另一回事。我们公司需要有能力的人，但更需要倾尽全力去施展能力的人，既然做事总是藏着掖着留余地，还是另谋高就的好。"

这件事给我的触动特别大，也让我感慨良多。海尔集团的 CEO 张瑞敏就说过："想干与不想干，是有没有责任感的问题，是德的问题；会干与不会干，是才的问题。"杰克·韦尔奇也说过："有能力胜任工作，却消极怠工而不称职，这样的人，我发现一个就开除一个，绝不留情。"

老板们最不喜欢的就是明明有能力做好，却不用心去做的员工。不会干没关系，可以花费时间去钻研和学习，但是会干而不想干，投机取巧、敷衍了事，就是一种逃避。若是纵容这样的员工留下，对企业长远发展来说，没有任何意义，因为员工本人不思进取，就无法在实践中提升技能、积累经验。如此，员工如何成功、公司如何发展壮大呢？

马丁·路德·金说："如果一个人是清洁工，那么他就应该像米开朗基罗绘画、贝多芬谱曲、莎士比亚写诗那样，以同样的心情来清扫街道。他的工作如此出色，以至于天空和大地的居民都会对他瞩目赞美：瞧，这儿有一位伟大的清洁工，他的活儿干得真是无与伦比！"

每个人都应当把自己视为一个艺术家，而非一个平庸的工作者，应当像工匠一样带着热情和信心去做事。只要你能做到 100%，那就不要有所保留，即使 99% 依然是不够用心。多花费一点心思，多付出一份辛苦，才能彰显自己的与众不同。

在这个充满机遇和挑战的时代，墨守成规按要求完成工作，充其量只能成为一个合格的劳动者，唯有比别人更勤奋、更专注、更用心，才有脱颖而出的机会。

努力不是简单重复，更要高效

人们常说，只要不停地攀登，终会抵达山顶，一览众山；只要百折不回地前进，终能抵达成功的港湾，卓尔不群；只要坚持不懈地努力，终能如愿以偿，学有所成。可是，现实中，多少人整天忙忙碌碌，却总是一事无成，就像是大海里的一叶扁舟，摇摇晃晃地随波逐流。读书时，总会发现身边有些人特别"用功"，每天起得比谁都早，睡得比谁都晚，做题比谁都多，可成绩却总是不理想。工作后，还会看到一些人特别"努力"，从不迟到早退，做事一丝不苟，可几年下来，和他一同进入公司的人都升职了，他却还在原地不动。

这样的结局，的确令人遗憾。为此，也有当事人会发出怨叹："看来，这辈子就不是读书的材料！""看来，我是一辈子劳碌的命！"抱怨的时候，不知道他们有没有想过：为什么自己会这样？为什么自己明明付出了，却没能得到相应的回报？

努力，不是机械地重复与蛮干。

学习和工作都一样，要讲究方法。看书时间再长，若东西没有真正入脑子，那无疑是在做无用功；做的题再多，若没有突破自己的弱项，攻克没有掌握的知识，那也是徒劳。工作何尝不是如此？每天跟别人一样忙忙碌碌，可始终没能在自己的岗位上做出一番成绩，那么再忙再累，又怎么样呢？只有苦劳，没有功劳。

曾在一次座谈会上，听到一年轻人倾诉自己在工作上的烦恼。年轻人毕业后就进入一家杂志社做编辑，虽然自身文笔不错，但经验上有所欠缺，最初的半年里，只是跟着老编辑学习，职位是编辑，可做的工作相当于助理。等熟悉了流程，领导才让他独立负责一个版块。

按理说，年轻人跟随老编辑的半年里，看到的、学到的已经不少，应当知道哪些地方需要特别注意，更应该知道做栏目要讲求新意。可真到了实际运用上，年轻人却显得很被动，总是照搬老编辑的思路，交上去的任务乍一看是挺"符合要求"的，可细细品读，却发现是"换汤不换药"，选取的内容平淡无奇，角度不新颖，读者的反应都很一般。

周围人看得出来，年轻人的确很努力地在做事，每天加班加点的忙活，就连周末休息的时间都搭上了。然而，很多事情，并非努力就能代表一切，就能让人忽略一切。领导对他的工作态度很满意，可对他的业绩却不敢恭维。一年下来，年轻人因为自己的业绩不佳，主动提出了辞职。

俄罗斯有句谚语："巧干能捕雄狮，蛮干难捉蟋蟀。"简单而朴实的话，道出了一个真理，做事得讲究方法，不能机械地重复和蛮干。一丝不苟地执行领导交代的事情，本来是无可厚非的，也是值得提倡的，但是要攀登到职业的高峰，只知道麻木地干活还远远不够。效率和业绩，一个也不能少，为了忙而忙，终究不是可行的办法。

在一次招聘会上，毕业于名校的女孩薇和一位专科生L同时被录用，待三个月的实习期过后，二选其一留在公司。显然，从一开始两个人之间面临着不可避免的竞争。

上班第一天，薇表现得很积极，第一个到公司，还买了两盒蛋挞分给老同事。邻座的同事跟她说："好好干，大家都很好看你。"薇很满意，至少拉近了和同事之间的距离，消除了他们对新人的排斥感。

经理提前十分钟到公司，此时 L 的工位还是空空的，薇心里不免有些暗喜。当经理路过薇的工位时，她起身问候，经理夸她来得早。这个时候，L 才刚刚走进办公室打卡，经理看了她一眼，什么也没说。薇心里觉得，在印象方面自己应该是占据了上风。

随后，经理将薇和 L 叫进办公室，简单地介绍了一下公司的情况，以及她们的职责。薇拿出准备好的纸和笔，把经理说的话全都记下来。旁边的 L 只是站在那里听，薇想："猜也猜得到，肯定是给我们安排任务，竟然什么都不拿……"经理说完后，薇又提出一些问题，其实她不是不明白，只是想让经理觉得自己在认真地听，能提出一些合理的问题。

薇和 L 的职务是销售助理，协助销售部门制定计划和客户跟进。她们有各自不同的客户群，主要是靠打电话完成。客户的意见是衡量她们工作质量的首要标准，而在这一点上，薇和 L 是旗鼓相当的。

为了表现自己，薇在三个月的实习期内，每天早来晚走，永远都是等经理下班了她才离开。这么做的目的很明确，就是想让上司看到自己的勤奋。

某个周五，经理一直到七点钟还没下班，薇主动去买了一份盒饭，敲开经理室的门，经理很惊讶。她把盒饭放在桌子上，经理感激地说："谢谢。这么晚了，你怎么还没走？"薇说："我还有点事情，忙完了就走了。"经理点点头，说："好，那你去忙吧！要注意身体。"

听到这席话，薇高兴坏了，因为这次她不但让经理看到自己的努力，在情感上也赢了一分。在她积极表现的时候，L 就是按部就班地做事，除了完成本职工作外，并没有其他表现。有时候，经理一天都看不到她，还会问薇她去哪儿了。薇若无其事地说，L 请假了。说这些话时，薇心里在想：只要我在工作上不输给她，留下的那个人肯定是我。

三个月的实习期很快过去了，然而最终的结局却是薇没有料到的，她出局了。心存委屈和疑惑的她，找到经理询问原因，经理温和地说："虽然你对工作很热情，对同事也很友好，但我和人事经理都觉得，在工作能力方面你和L还存在一定的差距。"

薇更不明白了，说道："但我和L的业绩是一样的呀？"

"是，问题就在这里。L只用了正常工作的八小时，就完成了你早来晚走才完成的工作量，这不能说明问题吗？再如，同样是介绍工作情况，L只需要听就记住了，而你需要记下来，还要反复问几遍，这是否也表示你们在理解能力上存在差距呢？公司需要员工踏实肯干，更要会干。这段时间，L用工作以外的时间，一直在学习有关物流的知识，很快就要参加考试，这样的话她也可借调到物流部，属于多用型人才……这就是公司选择L的原因。"

一向能说会道的薇，听完经理的话愣住了，不知该如何应答。现实告诉她，她败在了自以为是、自作聪明上，总想着用形式化的勤奋去展示自己的优秀，却忘了企业鉴定员工是否合格的标准，是能否高质高效地完成任务。

女员工薇的这次职场受挫，映射出了不少人的一种错误认知：只要人在办公室就是在工作，只要在工作就是勤奋上进，只要这样做就一定会得到赏识。

其实不然。一个人是否积极上进，考核的标准至少有三点：工作态度、工作效率、总工作量。在同样的环境下，你对工作要比别人更热情、更主动；做同样一件事，你的完成速度和工作质量要优于其他人；在同样的时间里，你所做的事要比别人多。

加班了，未必就是勤奋了，有可能是白天不积极、晚上开夜车；早来了，未必就在工作，可能是在上网聊天，或者是做给老板看。这样的勤奋，只是形式上的勤奋，并没有从实质上得到任何的提升，如让自己变得更优秀，让工作变得更出色。

如果你的勤奋并没有给你带来预期的结果，我想，你需要思考几个问题：我在工作中浪费时间了吗？我认真去做每一件事了吗？同样的工作，其他同事能在上班时间完成吗？

如果别人只用 1 个小时就完成的事，你却要用 3 个小时，那说明你不是真正的勤奋，而是效率低。在这种情况下，你该反思自己究竟是能力有问题，还是工作方式不对。能力不足的话，要考虑通过学习去提升，或是调换岗位；工作方式不对，要善于观察，看比自己优秀的同事是如何统筹计划、节省时间的，有效地掌握一些技巧。

用心用脑子去读书，纵然只读一遍，可书中所云你也能了然于胸。如果只是习惯重复，重复已经看过无数遍的单词、无数遍的公式，却丝毫没有让那些知识化为实际的应用，那么不管看了多少遍、背得多熟悉，也还是不会用，解不开难题。

不管从事什么工作，都不能把自己变成一台麻木的机器，只知道流程，不讲求技巧。再简单的工作，也可以从中发现新意；再复杂的工作，也不是非要日夜兼程、马不停蹄地加班加点熬着，完全可以通过思考找到提升效率的办法，记住这不是偷懒，而是智慧。

这世上就怕"认真"二字

我接触过的很多在基层做了多年的员工，他们都曾说过类似这样的话："我不是甘于现状的人，就是没碰到合适的机会……"听得多了，我便不得不仔细揣摩，而后我意识到，这句话其实是有两层含义的。

不甘于现状，一方面是我们所理解的有志向、有理想、有追求，不愿意一辈子平平庸庸；另一方面则是，不愿意接纳现在的工作和生活，总觉着这不该是自己应有的状况。那么，是谁造成了这样的局面呢？机会！他们把一切归咎于外界的客观因素，强调一定要遇到某个合适的机遇，才能够改变现在的一切。

是这样吗？我想，就算真的有一个合适的机会，他们也未必能如愿以偿。

多少人都在憧憬着功成名就，在事业上有一番作为，不甘庸庸碌碌地过一辈子；多少人在寻找着成功的秘诀，试图在短期内出现逆转人生的可能……很遗憾地告诉大家，这是不可能的事。成功不是某一种品质和某一种行为塑造的，而是多方面因素叠加的结果。当你不甘现状的时候，你有没有反思过：你认真对待过自己的"理想"吗？

世上没有一步登天的事，任何人想要脱颖而出，都不免要走这样一条路：简单的事情认真做！如果连简单的事情都做不好，或是不愿意付出心血认真去做，谈何去处理复杂的事、全局性的事？有谁敢冒险将这样的重担交给你呢？

昔日的同窗跟我讲过一件事：大学刚毕业时，喜欢写作的他，调入单位办公室做文职。一天晚饭后，单位领导打来电话，询问从总部发往重庆的班车情况。接到电话后，同窗立刻翻出通讯录，询问后连忙给领导回信。

"我问过了，咱们油田总部一所院内就有车。"他对自己的汇报似乎挺满意。这时，领导在电话那头又问："车是几点的呀？"他又赶紧打电话联系，随后告知9点出发。没想到，领导还有疑问："都有什么车？是普通大巴还是客卧？"这边同窗慌里慌张地赶紧联系，最后告诉领导："9点有客卧。"他长舒了一口气，心想着这回总该完事了吧？

万万没想到，领导又发问了："怎么买票呢？提前订还是上车再买？"

"您等会儿，我再问问。"

同窗听见领导在电话那头轻叹一口气，说："得了，我已经到了油田一所院里，我自己去问吧！"说完，就挂了电话。

这本是一件小事，或者说是一次小小的失误，却给这位同窗留下了深刻的教训。他跟我说："如果能认真点儿，当成自己的事去办，就不会让领导觉得自己粗心大意了。这件事提醒了我，不管做什么都不能草率大意，有时你认为不起眼的事，稍微疏忽了一点儿，就会给人留下不靠谱的印象。"

的确如此。何谓认真？认真的首要释义就是——严肃对待，绝不苟且。

认真是一种态度。无论身处的岗位是高管还是基层，无论交予的任务是大是小，都要秉持严肃的态度去对待，不因事小而不为，不因事小而马虎。每个人都有理想，都有高远的目标，正因为此，你才更需把精力放在要做的、该做的事情上，积极、正确地去对待自己的工作。否则的话，理想就成了空想，你的不甘现状就成了好高骛远、浮躁不安。

认真是一种责任。在许多老板心目中，优秀的员工不一定要有多高的学历、多丰富的经验、多高超的技能，但是对工作要有认真负责的精神。你将他安置在任何一个岗位上，他都能一丝不苟地执行任务，将公司的事当成自己的事，将公司的兴衰看成自己必须肩负的责任，不推诿、不抱怨、不拖延，这才是真正的优秀。

认真是一种坚守。在一件事上认真很容易，但要认真一辈子，却并不简单。对多数人来说，长年累月都是做着同样的事，从早到晚都是干一样的活，辛苦、枯燥是难免的，面对这样的现实，为什么有人依然能够持之以恒地坚持下去呢？因为，他们内心有一份坚定的理想信念，他们切实地把理想融入了现实中，认真把握每一个工作机会，在平凡的岗位上书写不平凡的人生。

认真是实现理想最坚实的桥梁，更是一个在繁杂职场中立足、无往不利的法宝。把你所有的认真拿出来，放到你的工作中，让所有的人看到你的态度，见识你的才华，你的一丝不苟终会让你的成长道路越走越宽。

相信很多人都碰到过这样的事：请工人来家里做活，主人在的时候，工人总是一板一眼地干活，看起来认真无比。一旦主人有事离开，工人就会故意磨洋工，放慢做事的速度，漫不经心地干着活，不是偷工减料，就是故意拖延完工的期限，以图轻松地多赚点钱。

通常情况下，主人也会给工人如数结算工资，除非活儿做得实在说不过去。但是，今后若再有这样的事情，绝对不会再找此人。对手艺人来说，没有回头客，没有口碑，就等于是断了谋生之路。投机取巧，做事不尽心，不是真聪明，而是自己坑害自己。

老木匠辛苦了一辈子，马上就要退休了，没想到东家又给安排了活儿，建造一个大房子。老木匠心想，又不是给自己建，糊弄糊弄得了。结果，房子建好了，东家告诉他，这房子是送给他的。此时，老木匠才后悔万分，早知是给自己的，当初怎么也不会敷衍糊弄啊！

事情就是这样，总以为工作是给老板做的，老板在的时候就表现得努力一点，老板不在的时候，付出再多也没人知道，这是工作中最常见，却也最害人的一种想法。表面看来，你付出劳动，老板给你薪水，你是在为他工作。实际上，你所做的每件事，你付出的任何努力，都是在为自己的成长和进步积累资本。

工资和奖金，是要靠业绩来换取的；职位的升迁、人格的提升、品行的锻造，都是自身努力的结果。工作累了，适当的休息放松无可厚非，但如果是因为老板出差了，就觉得偷懒的时机来了，那绝对是一个错误。

老板在与不在，对有责任心的员工来说，对专注于工作的员工来说，其实没有多大的区别。老板不在，你可以做很多事情：可以尽职尽责地完成自己的工作，也可以投机取巧；可以一如既往地维护公司的利益，也可以趁机谋私利。但是别忘了，老板可能一时间难以发现，那并非意味着老板永远也不会发现。

邵某是一家 IT 公司的销售部经理。一次，他到某公司洽谈新型打印设备的事情，由于那是一款大众化的新品，且厂家即将做大规模的广告宣传，为了争取更大的市场份额，对经销商的让利幅度也很大。邵某决定，在媒体大量宣传报道之前，先跟一些信誉和关系比较好的经销商商量，敲定首批的订量。

不巧的是，和邵某一直有业务联系的那家公司的老总不在。当邵某提出即将推出新产品时，负责接待的员工冷冷地说："老板不在，我们做不了主。"邵某把厂家准备如何做宣传，需要经销商如何配合拓展渠道的想法，跟接待者做了详细的讲解，希望能得到他的理解和回应。可惜，对方似乎根本就没放心上，还是搪塞他说："老板不在，您跟我说没用。"

邵某觉得挺扫兴的，也没有再继续谈下去的必要了，就悻悻地走了。

接着，邵某又去了另一家公司。刚巧，那家公司的负责人也没在，虽然挺失望的，可邵某还是跟负责接待的助理说了下情况。那位助理是个新人，热情大方，先是给邵某倒了一杯热水，让邵某慢慢介绍。

邵某向这位助理表明了来意，助理以自己刚刚学到的营销知识，敏锐地察觉到了这是一个很好的商机，绝不能因为老板不在而错过。他当即提出，明天让邵某送一个样品过来，让老板亲自看看，然后再商议。

第二天，邵某和同事带了一台样品过来，助理事先向老板介绍了情况，老总对产品很满意，一桩生意就这么达成了。由于这款产品在整个市场上属于独家经营，不到一个月就销售了 3000 台，为老板净赚了 6 万多元。此时，第一家拒绝邵某的公司，也开始联系要求上货，但此时已经错过了跟厂家合作的促销优惠，利润大打折扣。

两位员工的态度一对比，大家一目了然。站在老板的角度去看，心中的天平自然会倾向那个热情的助理。一个优秀的员工永远不会缺乏主动工作的精神，无论老板在与不在，表现都是一样的，他们懂得为自己负责，更懂得要为老板负责、为公司负责。

不要在老板离开的时候松懈偷懒，像工匠一样用作品和结果去检验自己的工作能力、衡量自己的工作态度，为自己设定最严格的标准，让自己的期待高于别人的期待。当你全力以赴、自动自发地做好工作时，结果自不会辜负你的辛苦付出。

努力，努力，再努力

三分钟热度，是当下不少年轻员工的通病。做一件事，开始总是干劲十足，可过不了多久，就松懈了，三天打鱼两天晒网，渐渐失去了动力。直到有一天，看到自己身边的人在该领域做出了不菲的成绩，才又感叹：倘若当初我坚持做下去，情况又会如何？

成功的光环，永远都是最惹眼的，可成功背后的辛苦，却总是冷暖自知。在这个人才辈出、诱惑不断的时代，要秉持一颗工匠之心真的不易，你得有精湛的技艺，过人的才能，还要有矢志不渝的决心和坚持不懈的努力。

不久前，我在网上看到了郑渊洁的演讲视频。仔细想想，郑渊洁凭借着一人之力撑起的《童话大王》，已经走过了30年的光阴。这30年来，郑渊洁如一个勤劳的工匠，每天坚持凌晨4：30～6：30写作，雷打不动，笔耕不辍，建造出了一个天马行空的童话世界。

郑渊洁为什么要写作？他解释说，自己写作能让父母开心，就想一直写下去，让他们一直高兴下去。父亲曾经问郑渊洁，打算写到什么？郑渊洁说，只要你们健在，我就一直写下去。现实中，人人都有想法，可真正能像郑渊洁这样坚持去做的，又有几人？且不说三十年，就以三年为限，又有多少人能坚持下来？与其大喊着要实现抱负，不如从切实可行的小事做起。若都是随想，或是随心所欲，不肯坚持和努力，那么纵然有万千创意，到头来也只能欣赏别人成为传奇。

现在的自媒体很火，几乎每个人都能够借助互联网建立一个自己的平台，但真正做好、做出效益的，却是万里挑一。这不仅仅是机遇的问题，还有努力的程度。比如，大家都比较熟悉的罗辑思维公众号，罗振宇每天早上 6: 30 准时推送一条 60 秒的语音消息，分享他的个人经验、社会见闻、生存技巧等等。看似是很简单的一件事，但罗振宇从 2012 年 12 月 21 日开始，直到今天，从未间断过！这样的勤奋和努力，是有目共睹的，也是很多自媒体人不及的。

再说卢松松博客，十年前没有微博和微信时，IT 界几乎人人都有一个独立的博客，博主来写自己的所见所闻，那就是自媒体的前身。在千千万万的博客中，卢松松博客就是其中之一，并不起眼。从 2009 年创建博客，直至现在，已经六七年了，每天花费在博客上的时间，都不低于 2 个小时。他曾经在半年的时间里，一针见血地评论了 15000 个独立博客，平均每天 500 个。

另一个互联网传奇人物"懂懂日记"，他每天清晨 4: 00 ~ 6: 00 写出一篇日记，分享个人的感悟、心得，以及周围人的思想智慧，内容涉及生活、工作、情感等各个方面。这件事情，他一做就是 8 年，每天写的日记大概都在 7000 字左右。

这些优秀的成功者，都具备锲而不舍、勤奋努力的特质。从他们身上，我感受到的不只是一种震撼，还有一种敬佩。他们所做的事不是手工艺活，但做事的态度和精神，却与工匠如出一辙。世上没有唾手可得的成功，不认真付出、不刻苦去学、不执着追求，就无法从平庸走向卓越。

勤奋，不只是平凡者走向成功的道路，也是成功者保持领先的必修课。俄罗斯"花游女皇"纳塔利娅说过："即便我们领先别人一大截，但我们依旧每天训练 10 个小时，这是我们成功的秘诀。"哪怕此刻的你，已经很优秀了，但若不勤奋，一定会被别人超越。

斯蒂芬·金是国际有名的恐怖小说大师。他几乎每一天都在做着同样的事情：天蒙蒙亮就起床，伏在打字机前，开始一天的写作，即使在没有灵感的时候，在没什么可写的情况下，每天也要坚持写 5000 字。一年内，斯蒂芬·金只给自己三天休息的时间，剩余的每一天都是在勤奋的创作中度过。斯蒂芬·金的努力没有白费，勤奋带给他的不只是世界超级富翁的头衔，还给了他永不枯竭的灵感。

勤奋是保证高效率的前提，也是提升能力必做的功课，唯有像工匠一样勤勤恳恳、扎扎实实地去雕琢每一天、每一件事，才能将自己的潜能发挥出来，去创造更多的价值。没有事业至上、勤奋努力的精神，就只能在懒惰懈怠中消耗生命，甚至因为低效而失去谋生之本。

一个人若是萎靡不振、浑浑噩噩度日，他的脸上必定是毫无生气的，做事的时候也不可能有活力，更难出成果。你比别人做得少了，短期内是轻松了，但在激烈的竞争中，一个无法全身心投入到工作中的人，势必会被淘汰。倘若本身意识不到问题所在，后续的日子依旧如此，那么到最后，就把自己推到了边缘人的境地，再没有任何的实力去与别人抗衡。

你有一份稳定的工作，有一个完整的家庭。听着别人说，平平淡淡就是福，心里充满了喜悦感。许多年过去了，突然发现，自己拥有的始终是这么多，甚至还有所倒退。你是一家公司的高管，拿着高薪，享受着优越的办公环境，你就觉得自己现在可以松一口气了，终于坐到了自己想要的位子。安心度日没几年，你慢慢发现自己不能很好地适应这份工作了，你的上司似乎变得越来越苛刻，你的下属变得越来越难管。

问题究竟出在哪儿？为什么生活越来越不如愿了？

很简单，不是你不够努力，而是比你优秀的人比你更努力。

一位即将被辞退的员工，走进了老板的办公室，做最后的工作交接。在他离开之前，老板给他开了当月的工资，外加一个月的奖金。而后，老板面带笑容，缓缓地讲起了自己的故事：

年轻的时候，我就是个从农村里出来的一贫如洗的小伙子。带着母亲给我的几百块钱在深圳打拼，有人说，深圳是个造梦的天堂，可我觉得生活在底层的人们就像活在地狱里，受人歧视，被人欺负。吃不饱饭，没有钱买衣服，整天为别人打工，失去自由。

十年前的我，没有能力，没有学历，没有背景，在这样一个繁华的大都市里静静地盯着夕阳，看着日落，惆怅地睁不开眼。而母亲的病一天一天在加重，我对着这个世界很绝望。

我做过很多工作，第一份工作就是给人洗车，后来老板丢了东西，不知怎么的就在我的床上找到了，然后我被赶了出来，拖欠的工资一分钱也没有给我。我就这么身无分文走在灯红酒绿的街头，看一家一家商店灯火通明，自己却无处可依。晚上没有地方睡觉，我就在公园的躺椅上睡，薄薄的被子让我翻来覆去睡不着。

三天的流浪生活，让我吃尽了苦头。在这座繁华的都市，我觉得自己好像被全世界抛弃了。那一刻，我难过的只想哭，深刻的痛楚让我的头脑瞬间清醒。我决定改变自己，我不想一直这个样子。凭什么别人能做到的事情我就不能做到呢，凭什么上帝不是公平的？我是个健康的人，有手有脚有大脑。

清醒后的我，卷起自己破破烂烂的行李，在街头开始找工作。看见有招聘的我就推门进去，人家看我脏兮兮的，觉得我这个人不老实，都不愿意聘用我。直到一个酒吧急需招人，我才有了一份能养活自己的工作。

我的工作是当保安，有时候客人吃晚饭不买单，他们是来找事的，老板就让我去找他们理论，那些人不分青红皂白就揍我一顿。当我忍着剧痛满脸是血出来的时候，那些人已经走远了。老板却对我说，怎么这么笨啊，他们不买单就从你工资里扣。

我当时痛苦极了，我发誓，这一辈一定要出人头地，否则永远也不回家。

后来发了工资，我就把自己打扮了一番，重新换了一份比较安全的工作，是在超市里当保安。保安的工作就是轮班制，白天我在门前站着当保安，下午六点下班以后，就开始出去发传单。这样干了整整半年，除了自己的开销，还存下了一笔钱，我拿着那些钱，给自己报了一个培训班。后来辞去了保安的工作，在一家大的饭店里干了三年。老板见我人比较勤快，又能吃苦，就提升我为主管，开始教我一些管理方面的知识，我认真地学，牢牢地记，学着如何与人打交道，学习如何干好自己的工作。

第四年，我辞去主管的工作，自己开了一家小饭馆，每天起早贪黑。我们的服务态度很好，老顾客会经常光顾。时间长了以后，我们的生意渐渐好了起来。又过了两年，我就把自己所有的积蓄拿出来，店面重新装修一下，规模比原先大一倍，把爸妈接过来帮忙。

直到现在，我有了自己的家庭，房子，车子，什么都有了，母亲的病也在慢慢调理中。这些年的奋斗都源于我在公园里躺的那三天，我不希望自己永远活得卑微，我就是我，我不满足自己的现状，我要改变自己。我希望活出自己的一片天地，生活永远在你手中，你愿意给自己创造什么样的生活，就会有什么样的未来。

如果你的梦想还没有实现，如果你对现在的状态并不满意，只是贪恋着一份安逸，那么不如从现在开始，尝试着做出一点改变，每天多努力一点点，朝着正确的、心中所属的目标前进。或许，成功看似还很远，但只要路是对的，坚持走下去，总会有收获。停留在此刻，等待的唯有生命力的枯竭。

第七章
=
"初心"之激情——点燃激情，成就梦想

激情是成功的动力

一位优秀的商人，曾跟我讲过他为什么要选择经商。至今，我对他的话记忆犹新。

"我十几岁的时候，非常喜欢跑步，甚至到了痴迷的程度。我曾经是一名短跑运动员，不过那个年代，好的运动鞋是很少的。我叔叔在我们镇上有一个专门卖鞋子的摊位，他送给我几双运动鞋，穿着还不错。当时我就在想，如果要能穿上质量更好、跑得更快、穿着更轻便的运动鞋，该多好呀！

"等我再大一点时，我就开始努力寻找供应商，以便叔叔能购入一些质量更好的跑鞋。不过，叔叔似乎对销售这种鞋并不太感兴趣。索性，我开始自己出售运动鞋。最初是卖给同学、朋友，再后来我也在市场里租了一个摊位。

"凭借着对跑步的热情，我拥有了第一家运营店，再到连锁店。一路走到现在，我从没想过自己的资产能有这么多（超过千万）。我一直都觉得，我事业的发展就是那时无法满足自己对跑步运动的激情孕育而生的。"

很多时候，我们都觉得成功取决于才能，但这件事彻底颠覆了我原来的想法，使我不得不相信，成功在很大程度上取决于激情。当一个人在充满激情的时候，他会把自身的潜能彻底激发出来，并鼓舞和带动周围的人一起昂扬向上。若总是浑浑噩噩、萎靡不振，就算满腹经纶，也会在懒散和颓废中，对工作冷漠处之，难以做出成绩。

激情是世界上最有价值的一种感情，也是最具感染力和创造力的。对于这一点，多少成功人士都有共鸣之感。

曾位居美国富豪榜第十位的富翁保罗·盖帝在总结自己的成功之路时说道："激情成就财富，成功离不开激情。激情是一种精神特质，代表一种积极的精神力量。人人都具有激情，只要善加利用，就能使之转化为巨大的致富能量。"

微软的招聘官更是直截了当："从人力资源的角度讲，我们愿意招的'微软人'，他首先应是一个非常有激情的人：对企业有激情、对技术有激情、对工作有激情。可能在一个二聚体的工作岗位上，你会觉得奇怪，怎么会招这么一个人？他在这个行业涉猎不深，年纪也不大。但是，他有激情，和他谈完之后，你会受到感染，愿意给他一个机会。"

无论一个人的出身如何，起点如何，当他充满激情地去做一件事时，一眼就能看出来。那份投入所体现出的自发性、创造性、专注性和坚韧性，会让他在平凡中彰显出光芒。激情是行动的信仰，有了这种信仰，再普通的人也可以无往不胜。

克里曼特·斯通，1902年5月4日出生于美国芝加哥贫民窟。幼年丧父的他，很早就靠卖报纸维持生计。他的母亲是一位有修养的美国妇女，省吃俭用积攒了一笔钱，投资于底特律的一家小保险公司，并在后来成了这家公司的推销员。

受母亲的影响，斯通在初中毕业的那个夏天，开始利用假期为保险公司推销保单。他按照母亲的指示来到一栋办公楼前，可到了楼门口他却犹豫了，不知道该不该进去。因为，他心里有些害怕，心里打起了退堂鼓。

就在这时，他的脑海里浮现出当年卖报时的情景。于是，斯通站在楼门口，一面发抖，一面鼓励自己说："当你尝试去做一件对自己只有益处，而无任何害处的事时，就应该勇敢一些，而且应该立刻行动。"然后，他毅然走进了大楼，心想："如果我被踢出来，我会像当年卖报纸时那样，再一次壮着胆进去，决不退缩。"

就这样，他开始了自己保险生涯的第一次拜访。

第一天的推销，斯通惊喜地发现了一个成功秘诀，那就是当他从一间办公室出来时，马上冲进下一间办公室，不给自己犹豫的时间，克服胡思乱想和猜测带来的畏惧感，并有效地节省时间，提高效率。结果，靠着自己的努力，斯通争取到了两位客户，这对他而言，是人生旅程的一座新里程碑。

到了20岁时，斯通自己创办了一家保险代理公司，取名为"联合保险代理公司"。公司刚开业时，只有他一个人，可是开张的第一天，就有50多位客户投保。渐渐地，联合公司在当地有了名气和信誉度，业绩最好的时候，他一天能够推销出120份保单。

斯通36岁时，资产已过百万美元，他的联合公司也成了美国混合保险公司。到1990年，公司的营业总额达2.13亿美元，拥有保险推销员5000多名。

在后来的几十年里，斯通一直从事推销，但他不只推销保险，还推销信念与成功的方法。他与人合作出版了一本《以积极的精神态度获得成功》，发行了25万册。1962年，他又出版了畅销书《永不失败的成功之道》。后来，他买下了霍斯恩出版公司。

斯通一度身兼数职，既担任美国混合保险公司的董事长，又担任阿波特公司的董事和霍斯恩公司的董事长，成为美国白手起家的、最富有的人之一，在20世纪70年代，他的资产近4亿美元。对于自己的成功，斯通是这样说的："遭遇困境时，保持乐观向上的态度，等待时机东山再起。推销的成功取决于你对工作的热情。"

这就是激情的力量，它能为你带来希望，助你成就梦想，更能让你不畏困难、勇往直前。世上许多做得极好的创意，都是在激情的推动下完成的。关键是要把将工作做好的激情保持长久，做到善始善终，不要因为倦怠而毁掉自己辛辛苦苦建立起来的一切。

那么怎么样才能保持长久的激情呢？一提到工作，有些人先想到的就是抱怨：工作环境太差、工作时间太长、工资不够花、产品不好推销、老板太吝啬、同事之间钩心斗角、客户投诉不断……总之，五花八门的不满一涌而出，似乎周围的人都比自己的工作要好，之所以还继续煎熬着，完全是为了维持生计。那么，换一份你所羡慕的工作，是不是就能得偿所愿，让所有的不满都平息？

有一位毕业生，走出校门后就进了一家世界500强企业，专业对口、收入颇丰、相对稳定。刚开始的时候，他干劲十足，信心满满。然而，半年过去后，他发现工作每天都是一样的，按部就班，所有的事情都和计划中没什么两样，毫无新鲜感。

渐渐地，他对这份工作失去了兴趣，以至于每天早上醒来都为上班而烦恼，感叹着不想挤公交、挤地铁。刚走进公司大门，他就心烦意乱，无缘无故地感到困乏，觉得生活就像一口枯井，不知这样的日子何时才是尽头。

世间没有哪一种工作会令人十分满意，在做的过程中都会有他人难以体会的辛苦，甚至是倦怠。但是，我们终究是要工作的，且还要保持几十年甚至一生的工作状态，如果总是沉浸在消极抱怨中，那么生活也会受到影响。

其实，一份工作是否有趣，完全取决于人的看法。对工作，你可以做好，也可以做坏；可以高兴地、骄傲地做，也可以愁眉苦脸、满腹牢骚地做；可

或许，你一直以为你睁开着双眼，但是你其实一直在昏睡

以努力地、充满激情地做，也可以懒散地、无趣地去做。如何选择，全在于自己。既然我们总是要工作的，既然已经身在工作中，就该在厌倦的时候做自我调整，充满活力地去做。

高尔基曾经说过："工作如果是快乐的，那么人生就是乐园；工作如果是强制的，那么人生就是地狱。"无论你是职场新人，还是纵横职场几十年的"老兵"，如果能保持一个乐观的心态，保持一份愉悦的心情，肯定会让你的工作乐趣更多，效率更高。有一个良好的心态，保持快乐的心情，有时胜过千倍的努力。

拒绝三天打鱼，两天晒网

多少人刚进入一家企业，踌躇满志，信誓旦旦，立志要做出一番成就。那段充满正能量的日子，早出晚归，尽心做事，想着只要肯努力就会出成绩。然而，现实告诉我们，成功来得没那么快，总得经过漫长的积累才能初见成效。

最难熬的就是这段等待的过程，每天重复着同样的工作，好像看不到尽头一样。结果，心急的人泄气了，松懈了对自己的要求，逐渐沦落到放任自流的地步。此时，所有的正能量早就没了踪影，别说为工作做出一点儿牺牲了，就连本职工作也成了厌烦的负累。

六年前，女孩肖某进入一家大公司的企宣部工作。与同行相比，这里的待遇相对较高，发展平台也很好。刚通过面试时，肖某心里充满了激情，毕竟自己是在几十人中脱颖而出的，能得到企业高层领导们的认可，确实不易。入职那天，领导语重心长地说："希望你能一直保持这样的状态，企宣部很需要热情洋溢的年轻人。"

企宣部的"较量"是很厉害的，自诩有才的肖某到了这里，才知道什么叫作"强中自有强中手"。抱着"女文青"的自尊心，肖某总是独立承担各种活动的策划，甚至涉及一些从未了解过的领域。一年下来，她始终忙忙碌碌，但成绩却并不起眼，年底的优秀员工没有她，就连奖金也比同事少了两千元。在她看来，有个别人对工作还不如自己上心，面对如此"不公平"的状况，肖某的工作热情顿时就没了一大半。

到企宣部的第二年，肖某不再事事那么积极了。她总觉着，积极与否带来的结果都差不多。领导交予的任务，她总是用七分的精力去做，勉强通过就行，剩余的三分就用来逛逛淘宝、论坛。这样的状态持续了半年后，公司突增了一批业务，企宣部的工作开始多起来，渐渐习惯了安逸的肖某，对突击式的加班感到不适，懒怠久了更是不愿多做一点工作。

就在所有人加班加点忙着的时候，肖某向领导提出了请假一天的要求，称自己身体的情况不太好，虽然知道公司现在正缺人手，但自己提前两个月才预约到了一个专家号。领导也是通情达理的人，自然不愿员工带病工作，就批了肖某一天的假。下班的路上，肖某心里暗暗高兴，明天男友要回国了，自己一定要去机场接他。

有时候，事情偏偏就是那么凑巧。当肖某和男友牵手从机场走出来的时候，她怎么也不会想到，竟然跟自己的领导碰了面。那一刻，肖某恨不得钻进地缝里，真的是尴尬透顶，这样的情景无须解释，谁都知道是怎么一回事。她这才想起，领导今天是要出差的，是她只想着怎么请假去接男友，把这件事抛在了脑后。幸好，领导当时只像路人一样走过，什么也没说。肖某的心情一落千丈，不知今后该如何面对领导。

第二天上班后，她主动到领导办公室"请罪"，承认自己撒了谎，并告之实情。领导没有发怒，而是问了肖某一句："听过龟兔赛跑的故事吧？"肖某一愣，不明所以。领导接着说："兔子之所以会输，是因为情绪和心态不稳定，一会儿想夺冠，一会儿想安逸，结果就成了 3 分钟热度。乌龟跑得慢，可情绪和认知很稳定，认准了目标就认真去做，反倒跑在了前面。"

肖某知道，领导是在用故事教育自己。既然已开诚布公地承认了自己的错，那不妨把自己心里的想法一股脑儿都倒出来，至少让领导清楚，自己不是无缘无故才懈怠了工作。

听她说完，领导回应道："还记得刚入职时，我跟你说过的话吗？职场考验的是耐性和韧性，不是一时的热情，也不是凭借聪明就能做好工作的。这半年你的状态不是很好，但我依然看好你的潜力，希望你能对自己做一些调整，培养耐性。不妨这样说，每个员工的表现都是有目共睹的，不要太在意眼前的得失，你做得足够好，公司自然不会辜负你。"

这件事情距离现在已有 4 年多的时间，肖某非常感激领导的宽容，更感激他给自己指引了方向。"若没有那一次的谈话，我可能已经离开公司了，至于现在在做什么，我也不敢保证，但多半是还在打转吧！现在看到一些新员工的状态，感觉似曾相识，我就把自己当成典型案例讲，告诉他们做事不能只有 3 分钟热度。"说这话时的肖某，已是企宣部的精英了。

在职业生涯中，想与别人竞争，在事业上有所突破，必须保持一股工作的热情。这种热情，不是短期的激情，而是对工作发自内心的热爱，它能够成为一种强大的精神力量，支撑着你征服自身和环境，创造出日新月异的成绩，成为竞争中的佼佼者。

那么，如何有效地提升工作热情，避免陷入 3 分钟热度的状态中呢？

1. 推进进度，用效率提升热情

当你做一件事的节奏变快并体会到成就感时，热情自然就会高涨。鞭策自己推进进度的方法有很多，如随时为自己"做减法"，接到一项任务时候，将每个步骤列在工作记录上，每完成一个就删掉一个，这样随着进度的推进、工作量的减少，越到后面就越有激情，压力也会减轻不少。

2. 不急不躁，锤炼内心的耐性

还是那句话，工作是一场马拉松，不能急于一下子就达成目标。太过急于达成某种愿望，就会减少思考，追求享受，热情也会随之减退，一旦中途遇到了困难，热情就会冷却到冰点。我们在案例中讲到的肖某，就属于这种情况。

有句话说得好："不忘初心，方得始终。"想想当初为了什么而出发？又是为何走到了这里？重新审视一下你对工作的态度，找回最初的那份热情。到那时，再审视你手中所做的事，也许你会赋予它全新的意义。

有一家企业在面试时，设置了这样一个有趣的环节：每次有人去面试，面试官都会先给对方倒一杯茶，而后观察应聘者的反应。

有些人看到面试官给自己倒茶，动也不动，心安理得地坐在椅子上；有些人会把茶杯拿起来放到边上，略带羞涩地道谢；还有一些人会站起身来，抢过茶壶，说："我来，我来……"面试官透过这些反应，体察到不同人的素养。

第一种人连基本的礼貌都不懂，无论企业和老板给予他多少重视和激励，他都视为理所应当；第二种人虽有礼貌，但不够主动，只会按部就班做好本职工作；第三种人，是最具有积极主动性的，他可以主动跟踪没有回音的客户，主动向老板汇报工作的进度，这样的人会在工作中的各个方面积极地发挥能量。

作为企业中平凡的一员，你不能永远等着上司给你安排任务，处在一个"不推不走、不打不动"的状态中。没有哪个老板会喜欢这样的人。你应当在老板尚未安排工作时，就能根据公司发展和规划的要求，主动去找事情做。这样不仅可以展示自己的才能，还能得到被重用的机会。

老板的任务是负责统筹和规划，整体把控公司的发展，难有时间和精力去查看每位员工的工作完成状况，并及时地分配新任务。作为员工来说，若只抱着完成工作就好的心态，很难成为卓越者。你想赢得辉煌的成就，应当在做好本职工作以外，主动去寻找一些事情做，哪怕老板或领导并没有要求你这么做，但只要对公司有益的事，就值得你去做。

W是一家公司的商务助理。一天午休时，客服部经理问她，有没有谁的工作不太紧张，帮忙处理一下手头必须完成的文件。W告诉他，公司的人都出去用餐了，再晚来5分钟的话，她也要走了。客服部经理听后，带着一丝遗憾的神态准备离开。见此，W主动告诉他，自己愿意留下来帮忙，因为"午饭可以等一会儿再吃，工作却不能延误"。

做完工作后，客服部经理才想起问W的名字，然后向其致谢。W并没有把这件事放在心上，她觉着都是为公司服务，没什么可说的。然而，一个月后，公司人事发生了调动，客服部要重新调换主管。谁也没想到，最后公布出来的名单竟然是W。

许多人对公司的决定感到不解，尤其是在客服部的员工，要求公司作出解释。后来，还是即将升为副总的客服部主管出面，将那天中午的事情告诉了大家。按照岗位的职责来说，W没有责任利用自己的午餐时间和休息时间去帮客服部做事，但她却积极、主动地做了，并没有任何的不满和怨言。客服部是一个特殊的部门，正需要像W这样积极主动、乐于承担的人，尤其是那种"我能为企业、为他人做什么"的精神，正是处理客户问题的关键。

工作首先是一个态度的问题，其次才是专业技能。老板需要的人才，是发自肺腑地热爱他所做的事，积极主动去承担更多的工作，而不只是机械地完成任务，被压迫着前进。许多人都认为"没事儿上网聊聊天，一晃荡就是好几天"是占到了"便宜"，却不知这是危机的开始。老板没有安排工作给你，却一分钱也没少付你，这样的关系是不可能持久的。企业和社会需要的是"眼里有活儿"的人，把"要我做"变成"我要做"，哪怕不是自己的分内事。

别总因为自己的岗位平凡，薪资平平，就放弃了付出和努力。在养成主动做事习惯的过程中，你是在不断地弥补自身的不足。时间久了你会发现，即便自己没有名牌大学的学历，不是头顶光环的海归派，你同样可以摆脱平庸，变得优秀。

时刻牢记责任

如果你足够细心的话，你会从那些出色的工作者身上发现一个共性：无论环境好坏，无论能力高低，无论任务难易，只要是与企业有关的一切事务，他们都乐意去承揽、去解决，绝不会因为怕担责任而拒绝，或是逃避。

对工作的热爱，不是两三天的新鲜劲儿，也不是靠高薪来维持，而是时时刻刻把责任装在心里，无论是否有人提醒告知，都会铭记一点：这是我的工作，这是我的责任！

20多年前，我国有一个代表团到韩国洽谈商务。代表团先导的车开得比较快，为了等后面的车队，就停在了高速公路口的一个临时停车场。突然，一辆现代跑车停在了旁边，下来一对韩国夫妇，他们询问先导是不是车子坏了？需不需要他们的帮助？

这样的情景让先导很感动，但同时也很纳闷：他与这对韩国夫妇只是陌路，他们为何如此热情？后来，先导才知道，原来这对年轻的韩国夫妇是现代汽车集团的员工，而先导所开的车正是现代生产的。

回忆起这件事，代表团的工作人员感慨良多："这对韩国夫妇开着跑车，也许是去度假，也许是去处理其他的事情，但无论去哪儿，显然都是在非工作时间、非工作场地，就因为我们停靠在路边的车是他们公司生产的，就对一个与自己工作职责没有任何关系的问题给予高度的关注。显然，他们已经把与公司有关的任何问题都当成了自己的问题，这种对工作的热爱、对工作的责任心，着实令人感动和尊敬。"

其他企业中也不乏有责任感之人，但与韩国现代汽车公司的那两位员工相比，许多人的责任心是分时间和地点的：在工作时，在公司里，甚至是在老板或上司的监督之下。下班时间一到，立刻收拾东西离开；走出办公室大门的那一刻，工作就完全被抛在了脑后。更有甚者，对工作的热情完全是在表演，一旦领导离开了视线，就会松懈下来、敷衍应付。

这样的员工，并不是真的热爱工作，心里也没有"责任"二字。说到底，我们每个人都是在为自己工作，而不是为上司、为老板工作。真正的负责，是不管什么时间、什么地点、领导在与不在，都把公司的事当成自己的事，始终如一。

某著名导演曾经讲过这样一件事：有个农村的孩子，从小生长在矿区。他的父亲是从事高危工作的矿工。由于家境不好，读初中时他就背井离乡，到台北半工半读，甚至一度因为没有钱缴纳学费而被迫中途休学。

为了维持生计，他曾在一间牙科诊所找到了一份打扫卫生的工作。诊所里的医生和护士发现，这个孩子很特别，患者前脚刚走，他后脚就拿着拖把来擦地，一天下来，不知道要擦多少次。见他如此辛苦，一位好心的医生提醒他："地板一天拖一次就行了，不用一直拖。"谁料，这孩子却说："诊所铺的是磨石子地板，人走过去就会留下脚印，所以我要不停地擦。"

其实，地板上的脚印并不明显，他完全可以不那么做。诊所里的人都很敬佩他认真的态度，尽管他做的只是打扫卫生而已。

后来，这个孩子的人生也并非一帆风顺，但他始终保持着当年"擦地板"的精神，无论做什么事情都把责任放在心里。若干年后，这个孩子成了一名导演，并逐渐有了声名。

故事讲到这里，所有人才恍然大悟：原来这是那位名导的亲身经历。通过自己的故事，他告诉所有人："尽管你现在可能只是个端盘子的服务生、洗车的工人，但你要尊敬你的工作。任何时候，都要对你的工作负责。"

我曾参观过一家外企的机器制造厂，并在那里目睹了这样一件事：

一个年轻的小伙子，在偌大的车间里认真地捡小零件，身边的同事不停地催促他："你走不走呀？天天费这个劲干吗？工作了一天这么累，还捡这玩意儿干吗？都是没用的东西。再说了，你帮公司捡，公司也不给你钱。弄不好，还会落得一个出力不讨好的下场，有些人说话可难听了。"小伙子笑笑，让同事先走，继续捡他的零件。

这一幕，刚好被我和车间的负责人看到。领导问他："别人都下班了，你怎么不走？捡这些没用的小零件做什么呢？"

小伙子说："大家都习惯把这些小零件到处乱扔，不收拾一下车间就太乱了。况且，我觉得一个零件就是一个硬币，扔了怪可惜的，要是都积攒起来，也不少呢！"车间领导点点头，大概是因为当着我的面，并未多说什么。那个小伙子，也继续安静地捡他的零件。

几个月后，我再次和该企业的车间领导碰面。席间，他跟我提起了数月前在车间里捡零件的小伙子，问我还有印象吗？我说印象很深刻。他告诉我，最近车间里要选拔一位副手，他正打算提拔这个小伙子。

我想，换成我是车间的领导，也会重用这位年轻人。当别人休息的时候，他在车间里捡别人乱丢的零件，不是为了酬劳，也不是为了作秀，只是出于对工作的认真和负责，对企业的忠诚与热爱。

其实，工作这件事是很公平的，它总是会给愿意付出的人丰厚的回报，无论是职位还是薪水。无论你从事什么工作，身在什么岗位，只要你时刻揣着一颗责任心，就会产生改变一切的力量，在付出的过程中积累经验、赢得赏识，拥有更丰盛的收获。

很多刚走进职场的年轻人，满怀抱负，对自己的期望值很高，恨不得一到岗位上立刻得到重用，拿到高薪。可真到了社会上，由于缺乏实践经验，无法胜任重大的工作，薪水必然难如所愿，更令人沮丧的是，他们所做的工作往往是单调的、枯燥的。日复一日重复着琐碎的工作程序时，不少人都会觉得压抑、痛苦，若再没什么责任心，就会敷衍了事、得过且过。

我曾经服务过的一家公司，其客户主管是个非常优秀的人，她是从基层一步步走到今天的。刚入职时，她是客服部的专员，主要负责接打电话，给客户提供导购咨询。跟很多人一样，她当时也觉着，这个工作没什么技术含量。可真的入了门以后，她才明白，平时看起来简单轻松的工作，并不能掉以轻心。

客服工作要求员工有高度的责任心，且涉及的内容烦琐复杂，时时刻刻都得讲程序，准确性和规范性极强。倘若处理不当，或是稍微不精心，就会出纰漏。好在她是个挺有责任心的人，工作习惯也很好，越是忙的时候，越懂得分清轻重缓急，保持忙而不乱的节奏。

尽管是一件挺枯燥的差事，可她的纪律意识、热情的服务意识、无私的奉献意识，得到了诸多客户的赞赏，这也让她体会到了乐趣。三年客服工作的学习和实践，使她真正领略到了"工作无小事"的真谛。走出了单调枯燥的蛰伏期，她被提为客户部的主管。

从一粒沙子到一颗珍珠之间的距离，是蚌忍受着各种不适，各种疼痛，用自己的身体，一天天磨砺出来的。想变成珍珠，就不能心急，就得熬过黑暗和寂寞，否则的话，提前撬开蚌壳，依然还是沙子。有时候，我们总觉得，无法热情地投入到所做的事中，是因为事情本身过于单调，而我们要追寻的是有趣和有意义的工作。事实上，这不单单是兴趣的问题，还夹杂着态度的问题，归根结底是责任心的问题。

钻研和提升，本身就是一件枯燥无味的事，需要耐得住寂寞，有持久的耐心。曾经听过新东方创始人俞敏洪给大学生讲过的一席话，大致是说，一堆面粉放在案板上，你用手一拍，面粉就散了。但如果你给它加点水揉一下，再去拍，虽然未必会散，但拍来拍去还是一堆松软的面粉。如果不断地给它加水，反复揉，到最后就变成了一个面团。这时，再去拍它也不会散，继续揉，揉到最后不仅是面团，你用手拉它，它也不断，继而就成了拉面。

这是什么意思呢？其实，它是在强调面对工作、面对单调时的态度。

我们在一件事上认真很容易，但要认真一辈子，却并不容易。对多数人来说，长年累月都是做着同样的事，从早到晚都是干一样的活，辛苦、枯燥是难免的，面对这样的现实，要有一个正确的态度和方法。试着用匠人的心去审视工作，在平淡中去创造精彩，才能保持始终如一的热情，发现工作的魅力。

朝九晚五不能成就卓越

前段时间，一位做外贸生意的朋友跟我发牢骚，说公司新招来两个应届生，还没容得自己松口气，负责数据管理岗位的那个应届生就提出了辞职。问及原因，说自己在两年内准备出国留学，希望每天可以按时上下班复习功课。现在的这个岗位，每天要对银行转账的结果进行分析汇总，给出当日收费的情况报表,每天都不能正常下班。

说到这里,朋友很是郁闷:"你有出国留学的打算,有准时上下班的硬性需求,那你应该在面试的时候就提出来。现在,我录用了你,放弃了其他的面试者,现在再想找回那些人,基本上不太可能了。要是当初你直截了当提出来,我知道这个岗位不适合你,那也就没必要浪费大家的时间和机会了。"

我非常理解朋友的心情。倘若这个员工负责的是一些工作时间固定的岗位,如综合行政岗,负责管理资料、贴发票报销,或者是购置办公用品、帮员工订工作餐等,那么只要你把这些事做好了,正点上下班没什么问题。不过,如果公司有升职加薪的机会时,这样的员工肯定不是首选,因为还有一些人,他们对工作有着额外的付出和超出薪酬价值的贡献。

可能有人会说:"正点上下班就没有价值了吗?"只能说,按部就班地、按照要求完成工作,你的价值已经在薪酬中回报给你了。那些乐意承担更多责任、富有创造力、全身心投入到工作中,并为此付出了不少个人时间的员工,他们不该得到晋级加薪和更多的成长机会吗?

尽管工作时间的长短不是衡量工作表现的唯一指标,但如果你不在工作上投入时间,那么你只能做一个平庸的职员,甚至随时可能遭到淘汰。每一个任务都是一次证明自己的机会,企业里有许许多多和你一样优秀的人在力争上游,而最终得到赏识的总是那些做事卖力、甘愿为工作牺牲自身利益的人。你满腹才学,却没有一颗愿意付出的心,自然也难以爬到顶端。

英国石油公司的职业经理人道尼斯,最初只是公司里的一名基层员工,岗位普通,薪资也很低。然而,现在的他却是公司里不可多得的人才,担任着下属一家公司的总裁。他是用什么方式取得了今天的成绩?有人专门拜访了道尼斯,问其成功的诀窍。

让我们听听道尼斯是怎么说的吧！

"刚到公司没多久，我就发现了这样一件事：每天下班后，所有的员工都离开了公司，只有总裁先生留在办公室里继续工作，一直到很晚。我想，我也应该为总裁先生提供一些帮助，就主动留了下来，帮他找文件、打印材料……虽然事情很不起眼，但以往这些琐事都是总裁自己来做的。很快，他就发现我在随时等候他的命令。渐渐地，他习惯了我在身边打下手，有什么事都吩咐我去做……"

另一位从公司基层晋升为副董事长的人士，回忆自己早年在一家知名顾问公司工作时的情景说："我们以前在拿到'工作时间表'的时候都会笑，因为我们填写的是 40 小时 / 周，但实际上我们的工作时间是这个数字的两倍。工作就是这样，我们对外必须让客户看到我们做出了成绩，而对内也得维系自己在公司里的名誉。"

由此可见，真正热爱工作、具有敬业精神、渴望并最终获得事业成就的人，往往都舍得为工作牺牲个人利益，至少不会把意识集中在"上班不迟到就好"和"下班准时回家"上。况且，对工作本身来说，踩点上下班也不是一个好习惯。

你可能也有过这样的感触？偶然的一次晚起或堵车，让你在路上耽搁了半小时，到公司时大家都在忙碌着，你气喘吁吁地坐在电脑跟前，脑子里还是刚刚公交车上拥挤的场景。打开电脑、收拾一下桌子，给自己倒一杯水，再想想今天还有什么任务，半个小时又过去了。一晃到了 10 点钟，才开始逐渐进入工作的状态中，眼看着又到了 11 点多，临近午饭的时间了，心里不免又会琢磨：午饭该吃点什么呢？整整一个上午，没做出什么成绩来，一晃就过去了，毫无效率可言。

下班就急着逃离办公室的情况也如是。当公司晚上有聚会活动，或是你约了朋友吃饭时，往往还没到下班时间，心就已经飞了，坐卧不安，根本没心思好好干活。总想着今天先凑合着吧，大不了明天多干点儿。别忘了，明天还有明天的事，谁能保证明天没有其他的因素干扰？习惯按点下班的员工，本质上不只是按点下班，而是提前半个小时就已经在下班的状态中了。上午浪费半小时，下午虚度半小时，一年下来你比别人差了多少？

如果你想走在别人前面，不妨每天提前20分钟到公司，对自己一天的工作做个规划。当别人还在考虑今天该做什么时，你已经进入了工作的状态。别小看这点儿不起眼的时间，长此以往，你会超越很多人。

现在的公司大都是开放型的，允许员工在下班后留在公司加班。如果当天的任务没有完成时，不妨暂时留下来处理掉，这样的话才不会影响明天的工作安排。若感觉工作有些吃力，或是想进一步提高自己，也可以利用下班后的时间学习公司的各种产品知识、运营流程等，这对你的工作和将来的发展，会有极大的帮助。

一个很有创意天赋的女孩子，过去曾在服装公司担任设计师，现在自己经营着一间原创女装工作室。她在服装公司上班时，刚好是我的老客户张先生的下属，也是通过这层关系，我才有幸认识这个普通却又不同寻常的女孩。

那是七八年前了，我因急事去找张先生拿一份文件，当时已是晚上8点钟，他告知正在公司加班，我就去了他的单位。本以为都这么晚了，应该只有张先生在加班，却不料还有他的爱人，和一个年轻的女孩子。见我来了，女孩还热情地给我倒水，看上去神采奕奕，似乎并未对加班这件事表现出多么冷淡和不悦。

从张先生口中得知，近期公司的业务量骤增，不得不加班加点地赶进度。他和爱人是公司设计部的主力，而那个年轻的女孩是新来的设计师，虽然经验不足，但人特别勤奋。从昨天早上8点半来公司，一直到现在，已经整整 36 个小时了，那女孩子一直没有离开过办公室。事实上，没有人要求她加班，是她主动提出来的，说："最近任务量这么大，多一个人就多一份力，虽然我没什么经验，但留下来也总是有用的，至少能帮你们（张先生和妻子）订餐叫外卖，或是打印点儿东西什么的。"

说到这儿，张先生的神态里流露出一丝感动。我非常理解他的感受，老板的压力向来都比员工要大，但真正能站在老板的角度去看问题，设身处地为老板着想的员工，却不多见。每家公司都有抱怨薪水低、环境差、工作又不肯努力的人，无论新人还是老人，可如今在他最需要人手的时候，有人主动站出来，不要任何酬劳，只为协助自己，一心为公司着想，多么难能可贵啊！更何况，这个女孩子来公司才两个月，根本谈不上与公司有多么深厚的感情。但只此一次，她就给张先生，也就是她的老板留下了可靠的印象，而我也被这个女孩的职业精神打动了。

后来的这几年里，我跟张先生陆续有些业务上的联系，又见过那个女孩子几次。她从普通的设计师，被提升为设计部的主任，为公司创造了丰厚的效益。就在去年，她跟张先生提出，想自己经营一家原创女装的工作室，这是她的理想，希望张先生可以理解，并接受她的辞职申请。如今，女孩开创了自己的事业，但她与张先生夫妇依然保持着朋友关系。

这是一个真实的平凡女孩的职业成长记录。从初出茅庐，到顺利晋升，再到开创自己的事业，许多人都觉得她一路走来很顺利，可在这份顺利的背后，她付出了多少，又有谁知道。就如现在，许多人都知道女孩有了自己的女装工作室，但在七八年前她连续 36 小时工作的那份辛苦，有谁能体会得到？

现在，经常会有人问我："怎样才能看出一个人是否对工作充满热情？"我给出的最简单、最直接的回答就是："看他对待加班的态度。"如果他能心平气和、爽快地接受加班，并在加班时保持积极振奋的样子，那他必然是热爱这份工作的；如果他怨声载道，一边加班一边偷懒，那他多半只想凑合干着、混日子拿工资而已。

说到底，对加班这件事的态度，间接地反映了一个人对事业的想法。芸芸众生，多数人是平凡的，但谁能在平淡中多付出一分、多坚持一分，谁就能超越平凡，走在别人的前面。加班无疑是辛苦的，需要额外的付出，当你能把这份额外的付出看成额外的收获时，你在精神境界上就已经超越了很多人，这是成功的，因为思想决定行为。

作为下属，对工作永远不要持轻率的态度，无论是正常工作时间还是加班时间，都应当保质保量地去做好该做的事。尤其是面对加班这件事，既然无可避免，就要保持积极的状态，而不是敷衍了事。

但请注意，千万不要为了取悦上司刻意加班表现，领导自然希望员工在规定的工作时间内轻松地完成工作，这是工作能力的体现。所以，在上班的时间要争取高效地完成任务，在公司有需要的时候心甘情愿留下来付出，以最佳的精神状态接受上司安排的加班。这样做的结果，你得到的不只是财富，还有更多的成功机会。

永葆激情，一心向上

某知名网站曾经做过一个专题调查：你的职场是否"安乐死"？结果显示，竟有90%的职场人，或多或少都处于安乐状态，对工作没有激情，无精打采。其中，女性职员容易受到家庭和情绪的影响，比较安于现状、得过且过，不想给自己找麻烦。调查还显示：25岁以下的人群中，有35%的人对工作没兴趣；25%~35%的年龄偏大一点的人群，反而能够积极地对待工作。

看到这样的结果，我不禁为那些对工作不上心、能混则混的年轻人捏了一把汗。我知道，许多年轻人崇尚的是自由和洒脱，在生活上保持随遇而安的状态是一种智慧，但随波逐流、听之任之却不够理性。一个人对工作能否保持长久、稳定的激情，有没有超越现状、锐意进取的想法，直接影响着他的职业发展，乃至整个人生。

34 岁的 M 从未想过，有一天会主动辞职回家全心全意带孩子，只是这份主动中多少夹杂着一些被动。那天下午，她正忙着处理客户的意见，家里的保姆打电话来，说孩子玩耍时摔了腿，正在医院就医。听到这个消息，M 赶紧把手里的工作交给同事，向领导请假。

其实，这样的事情已经不止一次了。每次领导都是默默地同意，这一次也一样，只是多了一句提醒："如果孩子非常需要你的照顾，我建议你最好做一段时间的全职妈妈，安心陪伴他。" M 的脸一下子红了，她知道领导说出这样的话实际上已经对自己很不满。冲动之下，M 在口头上提出了辞职，然后直奔医院。

M 在职场打拼有 10 年了，这些年她勤勤恳恳地做事。刚到公司时，她只是客服部门的一个小职员，但工作热情很高，经常在公司加班，看到哪儿有问题，哪些地方需要改进，都会及时跟领导沟通，哪怕和上司的意见不同，她也会真诚地去探讨。凭借着突出的表现，在入职第三年时，她就被提升为小组长，第五年晋升为副主任。

随着时间的推移，M 觉得自己的工作热情渐渐消失了，每天都是机械地做着同样的事。尤其是在成家有了孩子后，她更是不能全心全意工作了，不愿意花心思多思考问题，工作上的事只是保质保量地完成。有时，全公司开会，领导给大家鼓劲，她也会燃起激情，想做出更大的成就，可那激情只是瞬间，随后就被惰性和安逸取代了。

她在副主任的位子上待了好几年，没有任何的提升。她的顶头上司换了几拨，有时还是她代表领导去给初试她的直属上司，而她自己却一直原地踏步。她总在想，只要做好现在的事就行了，压力不大，待遇挺好，何必在乎职位呢？

没想到，就在她以这样的话语麻痹自己时，她竟被迫主动辞职。想到这儿，M的心里也很后悔，毕竟能从不起眼的小职员一路走到现在，实在不易。恨只恨，自己在后来的日子里太安于现状，放松了对自己的要求。

员工的激情被消磨殆尽有多方面的原因，或是企业文化、薪酬体制不合理，或是缺乏明晰的职业规划，亦或是缺乏危机感和竞争意识。但不管是什么原因，员工安于现状，企业的发展必会停滞不前，随即出现生产和管理上的问题。

我认识的一位企业管理者，提起公司里的一些年轻员工时，发出了这样的无奈之声："现在的年轻人工作热情大不如前，看见领导了就装模作样地工作，领导一走，马上就进入自己的娱乐天地。对这样的员工，我打心眼里是不喜欢的。作为年轻人，无论职位是什么，都应当有饱满的热情，这样客户或是领导才愿意把业务交给你做；如果总是不求上进，还满腹牢骚，就会成为整个公司的负能量。"

人活在世上应当有所作为，而成就事业的关键在于是否有积极进取的精神。无论是大成功还是小成绩，都与投机取巧、胸无大志的平庸之辈无缘。

在以往的工作中，我接触过不少没有文凭的应届大学生，且其中大部分曾就读于国内的重点院校，当年考入大学时成绩都在600分以上，可谓当地的佼佼者了。起点不算低的他们，为何到了大学里竟然连学位证都拿不到呢？

男生M是北京一所211工程院校的学生，刚入校时学习和生活还比较规律，一个学期过去后，他发现大学里有多数时间都是由自己来支配的，而此时周围的同学开始拉拢他去尝试网游。就这样，他一下子沉迷在了游戏里，开始只是在下课后和周末玩，到后来干脆晚上玩通宵，白天补觉。他心想，反正大学是很轻松的，只要考试之前突击一下就行了。

就这样，他浑浑噩噩熬到了大四，毕业前夕一统计，才发现自己有12门功课都不合格，虽然有一次大补考，但也只通过了8门，还剩下4门功课只得等毕业后再回来考试了。当别人穿着学士服在校园里留念时，他只能躲在宿舍里待着；当有用人单位要求他入职带着学历证书时，他不好意思开口说，自己挂科太多没有学位证。

和M情况相似的人，比比皆是。就其本质而言，都是在取得了一定的成绩后，放松了对自己的要求，总觉着这样就够了，就很好了。这种心态是很可怕的，当你不思进取的时候，比你优秀的人还在努力，不如你的人也在争取，此时的原地踏步无异于退步。

不只是在校园，步入社会以后，也当始终秉持一种上进的姿态。可以这样说，工作就像是一场马拉松，永远都不可以松懈。哪怕你抵达了一览众小山的高峰，也不能因暂时的精彩而自满，你当知道，职场是永无止境的考场。

我曾在面试中问不少前来应聘的毕业生：你能列出职能部门和业务部门的区别吗？人力资源部除了招聘，还有什么工作内容？你会熟练使用word、excel、PPT分析营销数据吗？……听到的答案，有时真的令我咋舌。就职场新人来说，让自己职业化的根本之一，就是在适应中不断地学习新的工作技能，而不是顺利应聘到某家公司、赢得某个岗位，就万事大吉了。就算你在工作中脱颖而出了，得到了上司的赏识，顺利升迁，也要用更加严苛的标准要求自己，在工作中更用心、更努力。

几乎所有成就理想的人，都有一颗难以磨灭的进取心。

当年，日本商人齐藤竹之助一心希望在商业中有所作为，可到了 57 岁时，他拥有的全部财富却是 320 万日元的债务。面对这样惨淡的现实，你能想到他的结局吗？消极遁世？四处躲债？宣告破产？自杀身亡？都不是！ 15 年过去了，72 岁的他成了世界顶级推销员。他对成功经验的概括有两点：一是要有坚定的信念，二是要有不断进取的精神。

我刚参加工作的时候，父亲告诫过我一番话，他说："无论将来从事什么工作，如果你能对自己所做的事充满热情，你就不会为自己的前途操心了。这个世界上，粗心散漫的人到处都是，而对自己的工作善始善终、充满激情的人却很少。"

对这番话，我当时似懂非懂，但我坚持这样做了。一路走到现在，回顾过往的点点滴滴，方才理解了它的深意。我们都是平凡的，可平凡并不阻碍我们变得优秀，只要充满激情、不断进取、始终保持向上的姿态，对工作有利的各种条件就会像发生连锁反应一样，在工作的过程中不断呈现，并进入一个积极的循环，推着你走向卓越。

如果你内心也有对成功的渴望，那就提醒自己，时刻保持一颗进取心。无论现在的你，抵达了怎样的高度，都别让这颗进取心在安逸和自满中消磨殆尽。一旦你松懈了，你所有的成就就会变得锈迹斑斑，并以最快的速度贬值。对任何一个人来说，追求成功没有终点，我们永远都在路上！

第八章

＝

"初心"之完美——独一无二，不可替代

细节决定成败

泰山不拒细壤，故能成其高；江海不择细流，故能就其深。万事之始，事无巨细，很多东西看似微不足道，却能带来一系列的连锁反应，决定事情的成败。任何伟大的事业，都是聚沙成塔、集腋成裘的过程；任何经久不衰的艺术品，都是精雕细琢、反复打磨后的结果。谁能坚持不懈地把细节做到完美的境界，谁便能成为了不起的人。

雕塑巨匠加诺瓦的一项作品即将完成时，有人在旁边观摩。在那个人眼里，艺术家的一凿一刻，看上去是那么漫不经心，他便以为艺术家不过是在做样子给自己看罢了。然而，加诺瓦告诉他："这几下看似不起眼，实则是最关键的。正是这看似不经意的一凿一刻，才把拙劣的模仿者和大师真正的技艺区分开来。"

当加诺瓦准备雕塑他的另一件大作《拿破仑》时，突然发现备用的大理石纹理上隐约能看出来一条红线。尽管这块大理石价格昂贵，几经周折从帕罗斯岛运来，但就因为有了这一丝瑕疵，加诺瓦毅然决定弃用。他的凿子不是随意的，他要的艺术品当是经得起审视和考验的，绝不允许在细节上出现失误，哪怕只是一个隐患，也万万不可以。

戴维是法拉第的老师，两人共同在英国皇家学院工作。当时，奥斯特发现导线上有电流通过时，导线旁的磁针就会发生偏转，皇家学会的一位名叫沃拉斯顿的会员很机敏，他想："既然电能让磁动，磁能否也让电动呢？"带着这个疑问，他找到戴维，想共同做一个实验。

实验是这样的：在一个大磁铁旁边放一根通电导线，看它会不会旋转？结果，导线未动，戴维和沃拉斯顿就认定，磁无法让电动，今后也没再提起此事。两人算得上皇家学院里的权威人物，他们实验的失败，让很多人也确信了那个结论。但是，默默无闻的法拉第却不这么想，事后他开始独自跑到实验室里重新尝试，结果也失败了，且不止一次。

一天，法拉第在河边散步，看见一个孩子划着一只竹筏，巨大的竹筏被一个不到10岁的孩子自由调动。这样的情景，让法拉第茅塞顿开，他认为那根导线之所以不能转动，是因为拉得太紧！他赶紧跑回实验室，在玻璃缸里倒了一缸水，正中固定了一根磁棒，磁棒旁边漂一块软木，软木上插一根铜线，再接上电池。就是这样的一个细节变化，实验成功了。

回头看戴维和沃拉斯顿，他们的失败无疑是过于粗心，没有在失败后进行细致地反思。法拉第能做成这个实验，主要赢在了细致入微上。他是订书徒出身，又受过美术训练，养成了注重细节的习惯。他有每天记日记的习惯，每次实验无论成功还是失败，都会记录在案，且会记录任何小事的发生。正因为此，他制造了世界上第一个简单的马达。

查尔斯·狄更斯在《一年到头》里写道："什么是天才？天才就是注意细节的人。"没有与生俱来的巨匠，几乎所有的成功者都有重视细节的态度，他们总能发现与众不同的东西，或是完成别人无法完成的任务，抵达别人难以逾越的高度。

人生目标是不断积累的过程，绝不是一蹴而就的。工作中没有任何一个细节，细到应该被忽略。就算是从事同一项工作，不同的人也会有不同的体会和成就。不拘小节在性格上也许是好事，但在工作上却不值得提倡。不屑于细节的人，做事永远是懒散消极的，而专注于细节的人，则会利用小事熟悉工作内容、加强业务知识，增强自己的判断力和思考能力。

没有一天建成的罗马，我们要做的，是专注于建造罗马的每一天。要实现卓越的人生，就要从无数琐碎、细致的小事做起，不断地积累、完善、提升。在竞争日益激烈残酷的今天，任何细微的东西都可能成为决定成败的因素。

国内的一家企业想要与美国的一家大公司洽谈合作项目，倘若洽谈成功，该企业将会拿到一大笔投资，可迅速拓展规模，迈入大型企业的行列中。为了这次洽谈，他们事先花费了大量的时间和精力做前期准备。

美方派了一位代表到中国进行实地考察，结果还颇为满意，这让中方企业很高兴。在美国代表回国的前一天晚上，中方在一家豪华酒店里设宴招待美方代表，还派出了十多位企业的中层领导陪同美方人员吃饭。起初，美方人员以为中方还有其他客人，后来才得知，这样的盛宴只为款待他一个人。

为了照顾好美方的人员，公司点了诸多名贵的菜肴，以至宴会结束后，桌上剩了大量的饭菜，有很多几乎就没动过筷子。美方代表回国后，中方接到了他们发来的传真，说要取消合作计划。这让中方企业百思不得其解。毕竟，企业各方面的条件都符合美方的要求，对美方代表也是盛情款待，有什么地方没达到他们的要求呢？

中方企业随即向美方询问原因，得到的回答是：贵公司作为一家中小企业，吃一顿饭就如此奢侈和浪费，我们如何能放心把大笔的资金投进去？就这样，一次大好的合作机会，被一顿饭的细节毁掉了。中方忽略的这个细节，恰恰让美方产生了顾虑，担心他们会在资金使用上奢侈浪费，导致生产成本的提高，间接提升产品价格，最终影响市场竞争力。

对企业来说，细节决定着成败；对个人来说，细节一样关乎着胜负。

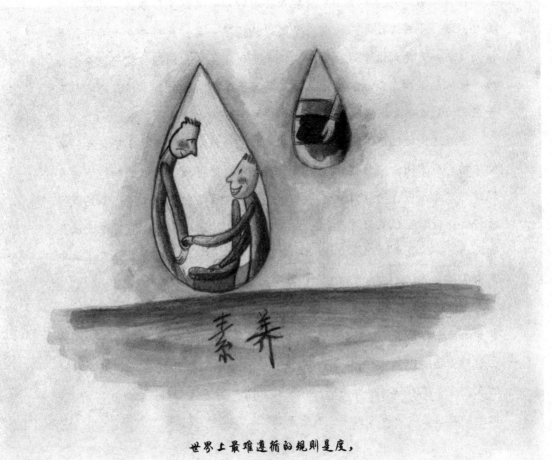

世界上最难遵循的规则是度，
度源于素养，
而素养则来源于日常生活一点一滴的细节的积累，
这种积累是一种功夫

我曾经在《武汉晨报》上看过一篇新闻,江汉大学的一位毕业生去参加招聘会,临出门前不幸碰倒了水杯,将桌子上的简历弄湿了。为了快点赶到会场,他就简单地晾了一下简历,就跟其他东西一起塞进了包里。

招聘现场,他看中了一家房地产公司的广告策划主管职位。按照企业要求,每位应聘者要先跟招聘人员简单沟通了一番,然后递交上简历,等候面试通知。轮到这个男生时,招聘人员问了他三个问题,就向他索要简历。他从包里掏出简历,这才发现,简历上不光有一大片水渍,还有钥匙等东西的划痕,看起来脏乱不堪。

望着这份皱巴巴的简历,招聘人员皱了皱眉头,还是收下了。在一叠整洁的简历中间,它显得格外刺眼。三天后,他得到了面试通知,他的表现很好,无论是现场操作软件,还是为虚拟的产品做宣传文案,都完成得很好。身为学校戏剧社骨干的他,还即兴表演了一段小品,赢得了面试负责人的好评。他离开办公室时,一位负责的女士跟他说:"你是今天面试中最出色的一个。"

面试过去一周了,他迟迟没有等到回复消息。按捺不住的他,向那位负责的女士打电话询问。对方沉默了片刻,遗憾地说:"其实,负责招聘的主管对你还是挺满意的,但你的简历……老总说,一个连简历都保管不好的人,是管理不好一个部门的。你应该知道,简历代表的是你的个人形象,把一份皱巴巴的简历投出去,有失严谨。"

这次失败的面试,给这位男生上了一堂深刻的生活课。自那以后,他变得细心起来,也发自内心地认识到,决定事情成败的,有时就是一个小小的细节。

细节往往因其小而被忽视,掉以轻心;因其细而使人感到烦琐,不屑一顾。可就是这些小事和细节,往往是事物发展的关键和突破口。正如汪中求先生在《细节决定成败》一书中所说:"芸芸众生能做大事的实在太少,多数人的多数情况总还只能做一些具体的事、琐碎的事、单调的事，也许过于平淡，也许鸡毛蒜皮，但这就是工作，是生活，是成就大事的不可缺少的基础。"

完美源自对细节的苛求

2015年春节期间，网上的一则消息传得沸沸扬扬：中国人跑到日本抢购马桶盖，造成日本马桶盖几乎断货！是什么原因让这个大工业生产线上的产品，竟然和日本寿司、日本武士刀并列在一起，大受欢迎？我们不妨一起来看看日本马桶盖的特别之处。

就技术来说，日本马桶盖并不特别，真正吸引人的是，它具备马桶圈加热和温水洗屁屁的功能。冬天不会让人感觉冷，且非常干净卫生，还能发出暖风烘干。

反观国内的马桶盖，却尚未发现有附加这些功能的，是科技上达不到吗？是工艺方面不够先进吗？都不是！真正的原因，是没有追求产品性能和质量的极致，输在了细节上。在这方面，德国的制造业做得也非常出色。

贝希斯坦是德国享誉世界的钢琴制造商，成立160多年来，它一直秉承着精益求精的态度来制造钢琴，将每台钢琴都当成艺术品来打磨。为保证琴技师的专业水准，贝希斯坦建立了一套学徒培养制度，2012年在全球仅招收2名学徒，2013年才开始增至每年6名。

该公司的服务部主管，也是钢琴制作大匠维尔纳·阿尔布雷希特说："学徒们需要进行三年半的轮岗学习，每个学徒会在每个部门待上1周至1个月，每个部门都派最优秀的老师亲自教授钢琴制造技能。"贝希斯坦不仅培养钢琴制作师，还为全世界培养钢琴服务技工。

而德国海里派克直升机责任有限公司的首席执行官柳青说："飞机安装环节要求非常严格，假如有 6 个螺孔，那么技师就只能拿到 6 个螺丝钉；如果掉了 1 个螺丝钉，无论如何也要找出来。"他们所使用的螺丝钉，跟我们平时用的不一样，是德国有关部门认证和许可生产的螺丝钉，价格比普通螺丝钉高 100 倍之多。

在飞机制造行业，谨慎和细致是工程人员必须具备的职业素养。倘若一个螺丝钉不小心丢了，尤其是关键部位的螺丝钉，很可能会出现严重的安全隐患。关乎生命的细节，绝对不容忽视。

有人会问，这样做不用考虑性价比么？德国制造业的研发人，第一追求的永远是高品质的东西，但求最好，不怕最贵。因为这份专注，这份细致，德国企业往往穷其一生打造一件精品，选定了行业就一门心思钻下去，心无旁骛。

我们都知道，完美是不存在的，但不断苛求细节上的"更好"，本身就是一种完美的做法。就好像瑞士的顶级机械表，里面有几百个零件，最小的细如发丝，是瑞士一位顶级表匠全心投入制成的，一年只能制造出一只。制表的工匠对每一个零件、每一道工序、每一块手表都精心打磨。回到现实的职场中，要传承这种精神，就必须告别形式上的认真，告别浮浮夸夸、马马虎虎，用心对待自己的工作，将每一个细节之处尽量做到完美。

东京一家贸易公司里有位女职员专门负责给客商买车票，她经常给德国一家大公司的商务经理购买往返于东京和大阪之间的火车票。

不久，这位细心的经理发现，他每次去大阪时，座位总是靠右窗，返回东京时又总在左窗。他觉得好奇，就询问女职员原因。女职员笑着说："火车去大阪时，富士山在您的右边，返回东京时，富士山在您的左边。我相信，外国的朋友都喜欢富士山的景色，所以我替您买了不同窗口的车票。"

这一个细节，着实打动了这位德国经理。后来，他把对这家日本公司的贸易额，从原来的400万美元提高到1300万美元。他觉得，在这样一件微不足道的小事上，这家公司的员工都能做得如此细致周到，跟这样的合作伙伴做生意，还有什么不放心的呢？

我们周围从事秘书、助理这类工作的人很多，可能经常要给上司、客户订票，按照常人的思维习惯，只要顺利把票订了就可以了，有几个人能够细心地考虑到客户的心理，以及在路途中的体验？其实，这根本无关能力，而只关乎态度。你要想比别人更优秀，就得在细节上比功夫，一个忽视细节、不会做小事的人，往往也难做出大事。就好比一件精美的艺术品，无论是整体外观，还是细节之处，都经得起观摩。至于那些仿冒的赝品，乍一看还不错，而细细玩味却会发现诸多的纰漏。

做人做事也是一样，只想着大的目标，细微之处不用心，最后的结果可能就是事与愿违；而那些用心做好每一件简单之事的人，虽未有豪言壮语，结局却不会太差。因为，越是简单的事，越是细微的地方，越能考验一个人的素质。

松下公司曾经对外招聘一名会计，由于企业的知名度较高，待遇也不错，很多人慕名前来应聘。经过一系列筛选，最终剩下了三位非常优秀的女大学生。

在最后一轮面试中，经理发给她们每人一件衣服和一个皮包，并告知衣服的胸前有一块污渍，待会她们要穿着这件衣服去总经理办公室面试，要尽量想办法不让总经理看到衣服上的污渍，否则就会被淘汰。

如此奇怪的面试题，着实让人匪夷所思。情急之下，第一个女大学生就想用纸巾把污渍擦干净，没想到污渍越擦越大。她一下子着急了，恳求经理再给她换一件，可经理却说："对不起，我很遗憾地告诉您，您已经被淘汰了。"

见此情景，第二个女大学生自然知道用纸巾擦是行不通的了。她跑到洗手间，用自来水和洗手液将污渍清理干净了，只是衣服的胸前湿了一大片，而此时距离总经理面试的时间只剩下两三分钟了。她连忙整理一下，来到总经理的办公室门前。

就在这时，她看到第三位女大学生也站在门前，胸前还保留着那块污渍。她突然松了口气，觉得自己必然是那个胜利者。可是，当总经理看到她的衣服湿了一片后，随即宣布第三位女大学生胜出。这样的结果，让第二位女大学生很不服气，她便追问原因。

总经理笑着解释说："第三位女大学生把皮包挂在了胸前，挡住了那块污渍，用最简单的办法解决了问题。我现在想问你的是，你把公司发给你的皮包放哪儿了？是不是忘在洗手间了？"这时，第二位女大学生才意识到皮包没了，知道了自己的失误之处，她心服口服地离开了。

任何事情，都必须注重细节，才能够发现问题、避免失误。松下招聘的是财务工作者，这个职位的人才显然不能粗心大意，弄错了一个小数点，一个数字，就可能出大问题。再大的企业，再好的前景，都不可能任由小问题频繁出现。有时候，看似无关紧要的小事，看似不起眼的小失误，却会导致前功尽弃，满盘皆输。

细节，凸显的是一个人的工作态度，一个企业的文化精神。我们尊敬那些优秀的工匠，是因为他们认真地对待自己作品的每一处细节。我们要学习的，恰恰是他们那种尽善尽美的态度。无论从事什么岗位的工作，若能尽职尽责，完善工作中的每一个细节，纵使岗位平凡，也能做出不凡的成绩来。

　　克莱斯勒的执行副总裁史密斯，大学毕业后就投身到汽车制造业。当时，很多年轻人都很浮躁，想着短期内就能升职加薪，而史密斯却显得沉稳有度，没有说太多的豪言壮语，就老老实实地从底层做起，到通用汽车工厂做了一名工人。

　　不过，史密斯并非没有理想，只是他比较务实，知道只有从基层做起，才能最大限度地增长知识、锻炼能力。到工厂后，他开始做汽车装配工作，一方面看书学习理论知识，一方面跟着厂里的老员工学艺，认真观察每一个细节。在日复一日的工作里，他留意着工厂运作的各个环节，注意观察工人们的工作方式、工作态度，长此以往，还真发现了不少问题。

　　他发现，工厂的机器运转经常会出现停顿，工人们也总是满腹牢骚，这直接影响了工厂的生产效率，以及产品的质量。细心的史密斯，把自己观察到的各种现象都记在了笔记本上，并思考其中的原因。由于工作态度认真，他很快就被提升为生产组长。

　　后来，他把自己长期观察和思考的结果交给通用公司的经理，经理非常惊讶，意识到这是一个不可多得的人才。很快，就将其任命为工厂的厂长，主抓产能。此时，史密斯积累的经验和知识开始真正发挥作用了。他认为，在美国当时的汽车工人工资水平上，要想降低汽车生产成本，提高本土汽车的竞争力，唯一可行的办法就是提高工厂的效率，用远高于亚洲等低成本劳动力地区的单个工人生产率来展开竞争，才能保住美国的汽车制造业。

　　就这样，他开始对工厂的生产流程进行改进，并与工人沟通，解决他们的实际困难，激发他们的工作热情。很快，工厂的产能得到了快速提升，单车的生产成本大幅度下降。后来，克莱斯勒汽车公司发现了史密斯的才能，诚邀他去做执行副总裁。至此，史密斯揭开了他事业的新篇章。

　　倘若没有做好小事的经历，没有知识和能力的积累，史密斯不可能从底层工人一跃成为执行副总裁。罗马不是一天建成的，没有谁能在不做好小事的前提下就做成大事。留心小事是一门工作哲学，用心去观察细节，往往可以发现常人没有发现的东西。

我经常跟身边的人讲，所有的伟大都藏在平凡中，把小事当成大事去做，不仅提升了小事的价值，自身的价值也会随之提升。即使在平凡的岗位上，一样能成为出色的匠人，挖掘到你想要的东西。

不取巧，不凑合

无论生活还是工作，你种下什么样的种子，将来就会收获什么样的果子。或许，话听起来有点俗套，但你若总是漫不经心地打发糊弄那些看似不起眼的人和事，现实终会以残酷的一棒让你知道这样做的后果。

一位做策划的女孩跟我讲过她亲身经历的一件事。五年前，她在一家营销策划公司上班，当时有朋友找到她，说他们公司想做一个小规模的市场调查。这个调查挺简单的，朋友找了两个人来操作，让女孩为最后的市场调查报告把关，完事后给女孩一笔费用。

这确实是一笔很小的业务，没什么大的问题。然而，报告出来后，女孩明显看出了其中的水分，但她只是做了一些文字加工和改动，就直接交了上去。对她来说，报告上交、拿到报酬，这件事就算结束了。

后来的一天，几位朋友和女孩组成一个项目小组，一起完成广州新开业的一家大型商城的整体营销方案。谁知，对方的业务主管却提出，对女孩的印象很不好，因为他就是女孩上次草草完成的那个市场调查项目的委托人。

　　因果循环，来得如此之快，女孩无话可说。这件事给她带来了重重一击，也让她清醒了许多。现在回头来看，当时拿到的那点费用根本不值一提，可为了这点钱，竟给自己带来这么大的负面影响。自那以后，女孩长了教训：不要打发糊弄任何事，哪怕是不起眼的工作。

　　现实中类似的事情，还有很多。

　　某私营公司的老板精明能干，公司员工也都齐心协力。不久前，他招聘了一位新助理，是刚毕业的女大学生。这位新助理性格大大咧咧，做事马马虎虎，资料总是不加整理就交上去，办公桌上的文件也是乱七八糟。老板批评过她几次，可她并没在意，依旧我行我素。结果有一次，老板向她要一份重要的合同，她翻遍了办公桌也没找到，一怒之下，老板辞退了她，从内部提拔了一位做事认真有序的助理，替代了她的职位。

　　另一位职员赵某，在一家颇有实力的公司做业务。某天早上，销售部门召开了市场调研会，安排他统计一组数据。下午，他就接到了一份会议纪要，这份会议纪要跟他以往看到的同类文件不太一样，除了简短的会议介绍外，还有大量的表格和数据。看到这些详细而琐碎的数据，赵某觉得头大，而主管要求他必须在两天之内完成所有的数据统计，并形成一份书面报告，经过主管部门的评审人评审合格并签字后，交到监控考核处。

　　赵某心里很清楚，这项工作直接关系着自己的前途。他抓紧时间去做这件事，可按照目前的进度来看，要在两天内完工难度很大。于是，他在经办的过程中，敷衍了事，想着糊弄一下，也许就能过关了。然而，数据交上去后就被主管发现了，结果赵某不仅没得到认可，反倒受了处分，给主管留下了轻浮急躁的印象。

　　糊弄工作的人，都是自以为很聪明，或许曾经借助一些小方法、小手段蒙混过关，尝到了"甜头"。可是别忘了，粗劣的工作会造成粗劣的生活，工作是生活的一部分，敷衍了事地糊弄，不仅会降低工作质量和效率，还会丧失做事的才能。至于结果？就如我经常跟员工们说的"三个一工程"，即一无所获，一事无成，一穷二白。

凡事得过且过，对所做的事不用心，对付着做完就行，那么不管你在职场打拼多少年，接触过多少事，只有数量的增加，没有质量的跨越，任何事情都是走马观花，从未真正走进你的内心，那你自然就一无所获。

工作做不到位，没有责任心，经手的每件事都是稀里糊涂，只是为了赚点薪水，从没有把工作当成事业，这样的员工有哪个老板会重用？有哪个企业会挽留？今天你糊弄了工作，明天工作也会糊弄你，你不思进取，终将会被取代，结果必然是一事无成。

三天两头换工作，只看眼前的利益，如何能得到丰厚的回报？也许有人会说，给别人打工我没有动力，自己创业我一定会好好干。我不是故意打击这些"有志之士"，如果你给别人做事都做不好，换成自己创业也未必能成功。

道理很简单，做过士兵的元帅，比没做过士兵的元帅，更能带兵打仗。因为，做过士兵的元帅很了解当初做士兵的情况，能够切实地明白士兵的想法和难处。打工和创业也是一样，如果你看不起基层的岗位，只想自己创业做老板，就会陷入高不成低不就的境遇中。因为多数情况下，成功的老板也是从基层做起来的。眼高手低，没有脚踏实地的精神，只想一夜之间赚大钱，最终的结果往往是一穷二白。

对每一位平凡的工作者来说，想要摆脱平庸，不是非要找个机会做惊天动地的大事，只要把你的工作做到位，认真处理每一个细节，时刻抱着一种负责的态度，就会慢慢得到周围人的认可，进而得到更多的发展机会。当你的努力积累到一定程度，你就会从平凡中脱颖而出，甚至抵达一个出乎你意料的高度。

在一次培训课上，我带了两个紫砂壶，让在场的学员们看看，哪一个更标致？尽管在场的人不都爱品茶，不玩紫砂，但还是一眼就看出来了。因为好的那个，是我花了近万元买的；而次的那一个，则是茶叶店的赠品，不过几十块钱。

紫砂由于本身特殊的质地，至少需要陈腐3个月后才能做壶，并且几乎无法通过手拉坯的方式进行制作，而是需要手工制成。制作一把纯手工紫砂壶大约要花上半个月到一个月的时间，这也使得紫砂壶的产量较低，若是出自名家之手，价格自然更贵。倘若在紫砂泥土中掺入其他原料糊弄一下，制作起来可就省事多了，一天制作几百把壶都不成问题。

每一把紫砂壶都独具匠心，即便是外行人，也能在比较中识别出它的韵味。那些粗制滥造的东西，永远敌不过精心打磨的物件。匠人们日复一日坚持劳作，全身心投入，要的就是精益求精，追求完美，容不下丝毫的糊弄。

由紫砂壶这件事，我也联想到了现实中的一些问题。不少人一提起自己的状态，都喜欢用一个"混"字。有时是熟人之间的自谦，说自己"混"得马马虎虎；有时是对他人的评价，说"混"得不错，或不怎么样。

看似只是简单的一个字，实则反映出的是做人做事的一种态度和方式。混，类似于浑浊、混沌、灰白之间的灰色地带，不够清楚明白。这是历史上在长期的权力斗争中提炼的自保之术，大致是不求有功、但求无过，苟合取容、依违两可。

可是，"混"的结果是什么呢？从大方面来说，无法提供有品质的产品和服务，凡事以利益为先，且不谈职业能力如何，就连最基本的职业态度都令人难以信任。只要眼下过得去，能保住自己，根本不去思量以后。

我曾去过南方的一家工厂，那里的工人们每天要劳作十几个钟头，工作的环境也不是很好，他们完全是为了赚取加班费而做事，脑子里想的就是如何快点完成任务，拿到报酬。工厂的老板呢？开厂的目的也不是为了打造优质的品牌和产品，而是为了谋利，假如有更赚钱的行业，他们会立刻停产转做其他。

试问：如此模式的经营、管理、生产，如何能与那些传承百年的老店相媲美？他们输的不是规模，不是资金，而是态度！老店受文化的熏陶，将做人处事的态度注入到了职业规范中，将人生价值的实现和自己的职业结合起来，才有了代代相传的优质产品。

记得小时候，家里请木匠来打五屉桌和柜子，你不用去监督木匠做活的过程，全部都由手艺人自己掌控，只需要在中午的时候像对待客人一样，给人做几道像样的菜，递上烟酒即可。匠人不会随便糊弄，他怕坏了自己的名声，以后就没人请他做活了。至今，家里的那些老物件还在，做工细致，且非常坚固。

这些手艺人算不得是什么艺术大师，但他们真的是在用心在做事，窥不见一丝"混"的痕迹。相比他们，现代的一些职场人就略显逊色了，想得不是怎么更好地完成工作，而是处心积虑地糊弄，能少干就少干，能偷懒就偷懒。他们自以为挺聪明，随便地对付每天的工作，还暗自窃喜，却不知最后，糊弄的是自己。

世上粗心散漫的人到处都是，而对工作善始善终、充满激情的人却很少。想要摆脱平庸，不是非要找个机会做点惊天动地的大事，用心做好每一个细节，把经手的每一件事情都做到尽善尽美，就是难能可贵的。成功者的经验告诉我们，你种下什么样的种子，将来就会收获什么样的果子。可能话听起来有点俗套，但你若总是漫不经心地打发糊弄看似不起眼的事情，现实终会以残酷的一棒告知你这样做的后果。

永远没有顶峰

"你必须要爱你的工作，你必须要和你的工作坠入爱河……即使到了我这个年纪，工作也还没有达到完美的程度……我会继续攀登，试图爬到顶峰，但没人知道顶峰在哪里。"

说这番话的人，是一个敬业、执着、追求卓越的日本老人，他是全球最年长的米其林三星寿司大厨，师傅中的师傅，职人中的职人。日本将他视为国家珍宝，而他到了91岁高龄，还沉浸在自己的寿司旅程中。他，就是纪录片《寿司之神》的主角，小野二郎。

小野二郎的寿司店名叫"数寄屋桥次郎"，位于东京繁华的银座地下室，看起来低调简朴，只有10个座位，甚至厕所都在室外。可即便如此，它还是被米其林授予了三星标准。全世界能够达到米其林三星标准的餐厅一共有68家，而日本占了28家。在解释这个星级标准时，米其林的评审员说："无论吃过多少次，小野二郎的寿司总是令人惊叹，因为在那里从来没有让人失望过。"

到小野二郎的寿司店用餐，需要提前一个月订位，预定价格三万日元起（折合人民币1800元左右），店里没有常规菜单，只有当日主厨定制菜，一餐15分钟，人均消费数百美元，可即便如此，吃过的人还是感叹，这是"值得一生等待的寿司"。

小野二郎是如何把一家寿司店经营得如何成功，乃至让世界各地的饕客慕名而来呢？说起秘诀，他完全是沿袭了日本式管理中的绝招：用精益求精的态度，把一种热爱工作的精神代代相传，这种精神就是"工匠精神"。

小野二郎为了他所热爱寿司事业，潜心研究了六十年之久。可以说，他终其一生都在做寿司，追求细节和品质，专注于这种料理，永远要求自己以"最美味的寿司"招待顾客。他从食材的选购到最后的捏制，每一个环节的微末细节，都做到了自己能力范围内的最好，整个过程严谨细致。

在选材方面，从大米到各种海鲜，小野二郎都有自己特定的供应商。这些供应商对食材品质也是极其考究的，每一个环节的供应者都是所在领域的达人或专家。比如，鲔鱼店的老板，如果市场上鲔鱼最好的只有一尾，那么他就只买那一尾；虾店的老板，看到大虾的时候，就会想到它适合二郎；米店的老板非常珍惜食材，声称"只有二郎说我可以卖，我才会卖给其他饭店"，他们给小野二郎提供的食材，永远都是最优质、最新鲜、最独特的。

在处理食材的过程中，他对学徒们的要求也是严苛的，每一个细节都必须尽善尽美。要达到这样的目标，一是靠天赋，二是靠反复地练习。学徒们在小野二郎这里感受到的，是严于律己和不断追求进步的价值观。

在小野二郎的店里做学徒，先要学会的是拧毛巾，毛巾很烫，一开始会烫伤手，这种训练非常辛苦，但如果学不会的话，就不能去碰鱼。接着，你要学会用刀料理鱼，十年后才会让你去煎蛋。在别人看来，热毛巾、香茗、茶具、配菜箱、料理盒、煎蛋器、道具、芥末、生姜片等等，都是跟寿司搭配的简单素材，可小野先生对此却都有特别的要求。

制作寿司的时候，小野二郎也是力求完美的。他对顾客观察得很仔细，会根据性别调整寿司的大小；精心记住客人的座位顺序，记住客人惯用左手还是右手，进而调整寿司摆放的位置。整个过程就像是乐章一样，按照特定的旋律来进行，他从头到尾只做寿司，所有的心意都只用寿司来传达。

为了保证米饭的口感，煮饭的锅盖压力之大需要双手使劲才能打开；从前的虾是早晨煮好后放入冰箱直到上菜前取出，现在是将虾煮到客人光顾前才取出；给章鱼按摩时间从半小时增加到40至50分钟，只是为了让肉质变软。在制作寿司时，他显得格外冷静、严肃，举手投足间都有一种庄重的仪式感。小野二郎强调，自己是一个真正的职人，会找到最好的食材，用自己的方式处理，不在乎钱和成本，只为做到最好。他曾经说："重复一件事，使之更加精益求精，但永无止境。"

在这个讲求效率、力求获得利益最大化的时代，无论是态度还是人心，都显得分外奢侈。古老的制造工艺不断流失，带给美食文化的也有不可逆转的损失。可是，在小野二郎这里，却十分注重延续和继承。他的长子小野帧一已经50岁了，却尚未接班。在日本，传统是长子继承父业，只有一人能当大厨。为此，他的次子小野隆就开了一家分店，降低寿司价格，他说："在父亲那里倍感压力的食客，来这里会轻松些。"小野二郎对次子的决定，是这样说的："我知道他做得好，准备好了，才会放他走，但他必须自己走出一条路。"

小野二郎从来不厌倦自己的工作，且为之投入了一生。他说，纵然自己到了85岁，依然不想退休。当一个又一个精致美味、独一无二的寿司在他的指尖下诞生时，没有人不对其心生敬意。是的，他有着用生命去做寿司的使命感，有着将毕生岁月献给一门手艺的追求完美之心，更有着执着于最高技艺的专精态度。

一个耄耋之年的老人尚且如此，何况职场中人。只要充满激情、不断进取、始终保持一个向上的姿态，勇攀高峰，对工作有利的各种条件就会像连锁反应一样，在工作的过程中不断呈现，并进入一个积极的循环，推着你走向卓越。

人生的价值在于奋斗，而奋斗是无止境的，即便是经过了努力取得了梦寐以求的结果，也不代表可以高枕无忧了。真正的成功，不是抵达某个目标，而在于不断地追求。

去看看那些真正的成功者，无论他们取得了怎样的成就，都不会自满。他们永远把目标定在明天，定在下一个，这也意味着他们未曾松懈对自己的要求，也意味着他们淡泊了金光闪闪的成功光环，从而不断进步。要牢记，人生的路上永远没有顶峰。只有放下眼前的成就，不断地超越自我，才可能获得长久的成功。

追求完美是一种境界

在南太平洋岛屿生活着一种叫莺鸟的动物，以前岛上雨水充足，植物丰盛，以草籽为生的莺鸟生活得很好，繁衍不息。后来，环境发生了变化，干旱使岛屿变成了荒漠，莺鸟也开始濒临灭亡。岛上剩下的唯一的食物是蒺藜，浑身布满尖锐的刺，种子就藏在中间。莺鸟想要生存，就得去想办法获得这些珍贵的粮食，具体的做法就是，先把蒺藜顶在地上，又咬又扭，然后顶住岩石，上喙发力，下喙挤压，直到精疲力竭才能把外壳拧掉，吃到活命粮草。

在残酷的环境中，最后只有一小部分莺鸟活了下来。科学家们很想知道，这些莺鸟到底有什么特别之处？经过研究发现，喙长 11 毫米的莺鸟，基本上都抵抗了残酷的自然变化，活了下来；而那些喙长 10.5 毫米以下的莺鸟，全部灭绝。

看，生与死的区别，就在短短的 0.5 毫米！

比尔·盖茨经常训诫员工说："如果大家觉得做得够好了，那么，微软离破产就只有 18 个月了！"这番话无疑就是在提醒员工，不能满足于既得的成绩，要不断改进工作，不断追求卓越。辉煌的人生，本就是一个超越自我、超越平凡的过程，只把工作做完是远远不够的，还应当努力去做到一流，不断追求完美。

追求完美不是虚妄的口号，而是一种人生选择，代表着坚定、踏实，散发着精益求精的气质。这个世上任何宝贵的东西，如果不付出全部精力，没有务求完美的态度，都是难以做好的。

在全球市场的竞争中，以追求完美著称的德国人，可谓是"精良"产品的代言。德国人素来以近乎呆板的严谨、认真闻名，比如我们在看到奔驰和宝马汽车时，就能够感受到德国工业品那种特殊的技术美感，无论是外观设计，还是发动机的性能，几乎每一个细节都是无可挑剔的，而这恰恰反映出德国人对完美产品的无限追求。德国产品之所以精良，是德国人追求的不仅仅是经济效益，而是把内心的信念、务实完美的态度融入到了产品的生产过程中。

我的一位朋友是国内某房地产公司的老总，提起德国人的做事态度，他深有感触。在20世纪80年代时，他们与德国的一家公司有过合作，当时负责人是一位德国工程师，为了拍摄项目的全景，原本在楼上就能拍，可他非要徒步走两公里爬到一座山上，为的是将周围的景观拍摄得更加全面。

当时，我的朋友问他，为什么要这样做？这位德国工程师的回答，至今他还记忆犹新："回去董事会成员向我提问，我要把整个项目的情况告诉他们才算完成任务，不然就是工作没做到位！我的个人信条是，我要做的事情，不会让任何人操心。任何事情，只有做到100%才是合格，99分都是不合格。"

从朋友那儿听到这个故事时，我心里也涌起了不少感慨。我们都知道，当水温达到99℃时，都算不上开水，其价值是有限的；此时再加热一会儿，再多添点柴火，让水温再升高1℃，水就沸腾了。然后呢？这开水既可以饮用，也能够产生大量水蒸气开动机器，继而获得更大的动力和经济价值。

工作这件事，就跟烧水是一个道理。你达到了99℃，依然还不够，就是差的这1℃，让结果完全不同。所以说，唯有秉持务求完美的态度，才能把事情做到极致，拥有最好的结果。对个人来说，这种做事的态度直接决定着个人的前程和发展。美国总统麦金莱说过："比其他事情更重要的是，你们需要尽职尽责地把一件事情做得尽可能完美。与其他有能力做这件事的人相比，如果你能做得更好，那么，你就永远不会失业。"

我服务过的某公司，去年新进了一个做文案的女孩，自诩专业能力很强，做事很麻利，但态度略显随意。有一回，部门经理让她为一家大型企业做广告宣传文案，女孩自以为才华横溢，用了一天的时间就把方案做完了，递交给了她的上司。部门经理看过后，觉得不太满意，又让她重新起草了一份。结果，女孩又用了两天时间，重新起草了一份，上司看过后，虽觉得不是特完美，但还算说得过去，就直接递交给了老板。

第二天，老板让部门经理把女孩叫进自己的办公室，问她："这是你能写出的最好的方案吗？"女孩有点犹豫，说："嗯……我觉得，还有一些改进的空间。"

老板立刻把方案退给女孩，女孩什么也没说，径直回到了自己的工位上。调整好情绪后，她再次修改了一遍，重新交给老板。结果，老板还是那句话："这是你能写出的最好的方案吗？"女孩心里还是有些忐忑，不敢给予肯定的答复。于是，老板又让她拿回去重新斟酌。

这一回，女孩不敢草率了，她认真琢磨了一个星期，彻底地修改润色后才交上去。老板盯着女孩的眼睛，问的还是原来那句话。女孩较前两次从容了许多，信心满满地说："是，我觉得这是最好的方案。"老板笑了，当即说道："好！这个方案通过。"

老板没有直接告诉文案到底该怎么做，也没有指责部门经理做事不够严谨，而是用严格的要求来训练下属主动将事情做到完美。当最初和最后的两份方案呈现在眼前作对比时，任何言语都显得苍白无力，因为事实证明了女孩完全能够做到更好。

此事也给那个自负的女孩敲了警钟：只有不断地改进，工作才能做好；只有尽职尽责，才能尽善尽美。后来的工作中，她也经常自问："这是我能做得最好的方案吗？"随后就是不断地改善。结果，这女孩能力提升得很快，宣传文案也做得愈发吸引人。

在一座宏伟气魄的建筑前，有句格言感人至深："在此，一切都要尽善尽美。"

粗劣的生活源自粗劣的工作，敷衍了事会摧残梦想、放纵生活、阻挡前进。人类史上的诸多悲剧，都是由于粗心、退缩、懒惰、草率造成的，就好比宾夕法尼亚的奥斯汀镇被淹没，造成无数人死于非命，原因就是筑堤工程质量不过关，简化了设计中的筑石基，导致堤岸溃坝。

倘若我们都能秉承一颗追求完美之心，带着责任感去做事，那么悲剧的发生率会大大降低，而个人的高尚品格也能从工作中得到升华。无论你的岗位是什么，都不要忽视它，伟大的机会就潜藏在平凡的职业和卑微的岗位上，只要你能将本职工作做得更完美、更精确、更高效，在每完成一件任务后，都能问心无愧地说一句"我已倾尽全力"，你就能引人注目，最终完全施展自己的才华。

永远不要推说时间不充裕而做了粗劣的工作，生活有充足的时间让我们去完善润色，缔造完美。当你在感叹如巴尔扎克一样的大师的声誉时，也请效仿一下他们行事作风，肯为一页小说、一个细节花费一周乃至更久的时间，从不轻率，精益求精。

科学精神：创新驱动的核心

李春蕾◎主编

出版日期：2019 年 5 月　定价：39.00 元　ISBN 978-7-5158-2482-6

Scientific Spirit: the Core of Innovation Drive

2019 政府工作报告倡导大力弘扬科学精神

培育和践行社会主义核心价值观，广泛开展群众性精神文明创建活动，大力弘扬奋斗精神、科学精神、劳模精神、工匠精神，汇聚起向上向善的强大力量。

——十三届全国人大二次会议上的政府工作报告

科学精神是一个国家繁荣富强、一个民族进步兴盛必不可少的精神。在复杂多变的形势下，要解决未来发展中的不确定性问题，离不开科学精神、科学态度和科学方法，而科学精神尤为重要。